战略三环
规划、解码、执行

王钺 —— 著

3 LINKS IN
STRATEGIC MANAGEMENT

图书在版编目（CIP）数据

战略三环：规划、解码、执行 / 王钺著 . —北京：机械工业出版社，2020.10（2024.4 重印）

ISBN 978-7-111-66652-3

I. 战… II. 王… III. 企业管理 - 战略管理 IV. F272.1

中国版本图书馆 CIP 数据核字（2020）第 184649 号

  本书作者王钺曾在国际管理咨询公司担任高管，拥有 20 年实际管理工作经验。作者基于其工作实践和思考，总结出一套战略管理方法论：

战略管理 =（战略规划 × 战略解码 × 战略执行）^{领导力}

  本书详细阐述了战略三环的具体应用过程，提供了各种管理工具、表格与流程，并精心编写了 30 个实战案例，可作为战略管理的实操指南。

战略三环：规划、解码、执行

出版发行：机械工业出版社（北京市西城区百万庄大街 22 号 邮政编码：100037）	
责任编辑：杨振英	责任校对：殷 虹
印 刷：北京虎彩文化传播有限公司	版 次：2024 年 4 月第 1 版第 7 次印刷
开 本：170mm×230mm 1/16	印 张：14.25
书 号：ISBN 978-7-111-66652-3	定 价：69.00 元

客服电话：(010) 88361066 68326294

版权所有 · 侵权必究
封底无防伪标均为盗版

推荐序一

战略与商业模式的清晰融合

北京大学汇丰商学院教授　魏炜

收到王钺先生正在撰写一本关于企业战略管理方法的书的消息,我为他感到欣喜。

我与王钺先生相识已经近十年,见证了王钺先生从国际管理咨询公司高管,到百亿元级民营企业操盘手,再到自己创业的历程。这中间我们进行了多次关于企业战略和商业模式的探讨,我发现他有浓厚的兴趣把企业战略管理和商业模式的逻辑关系梳理清楚,形成了自己的一套方法论并在企业实践中付诸实施。我相信,这本《战略三环:规划、解码、执行》就是他多年思考的结晶和实践后的反思与总结。

我和清华大学的朱武祥教授十多年前就作为先行者在中国推广商业模式理论及方法。我们推广的理论被称为"魏朱商业模式理论",认为"商业模式是某个公司跟它的内外部利益相关者形成的一个交易结构",该理论一经推出迅速得到了商学界和企业界的认可并蓬勃发展。不少企业家引入我们结构化的方法来构建或重建他们的商业模式,但在过程中产生了一些困惑,其中一个常见的问题是战略和商业模式的关系。用传统的方式进行战略管理而忽视商业模式在趋向复杂多变的商业环境中的价值,当然会让企业降低突破性与指数级增长的可能性;单纯强调商业模式而放弃严谨与系统化的战略管理,商业模式也会变得脆弱,而且无法在企业中贯彻到具体的制度流程与行动措施中。

其实,正如王钺先生在这本《战略三环:规划、解码、执行》中所阐述的,站在企业边界思考企业未来的发展时,商业模式可以作为企业战略的一个重要组成部分。商业模式的核心是对客户具有独特的价值主张,能够围绕客户构建交易结构,因此商业模式的输入就是企业战略管理所强调的市场与客户洞察。商业模式构建之后,也必须纳入企业战略的过程管理,首先是在企业中高管层面进行澄清并达成共识,然后和其他重要举措一样,将其分解为若干行动计划,最后让相关人员承担模式落地的责任。在企业的战略执行过程中,商业模式的兑现是极为重要的内容,同样需要组织、人才和企业文化的变革来匹配和支撑。这些关于企业战略与商业模式关系的核心要点,在王钺先生的书中有清晰的呈现。

北京大学汇丰商学院立志成为"商界军校"。二十多年来我与众多企业家及高管打过交道,发现他们有一个普遍的需求,就是王钺先生的观点,"中国企业尤其是中小企业迫切需要一套实用而高效的战略管理方法",在无须承担管理咨询公司昂贵咨询费用的情况下,能够迅速让企业进入有战略而且战略还能有章法地管理起来的阶段。王钺先生结合自身多年战略咨询以及规模企业战略管理的经验形成的"战略三环",从规划、解码到执行,逻辑缜密、过程清晰,每个步骤都针对中国企业的实际需要配备了方法与工具,能够让企业借此取得扎实的成果,帮助企业家与高管清晰理解企业战略与商业模式的关系。另外,书中很多跨行业的案例,源于王钺先生合作与辅导的企业,其细致程度和代表性,对读者具有很大的参考和借鉴意义。

我期待王钺先生在本书的基础上,不断充实和完善他的"战略三环"方法论,未来和我们的商业模式方法有更多的糅合与互补,为中国企业的发展添砖加瓦。

推荐序二

望远镜—雷达—CT 机

迪马股份董事长、东原地产集团董事长　罗韶颖

"永远不要浪费一场'好'危机",丘吉尔这句话王钺显然是信的,所以当他告诉我,在这次公共卫生事件引发的全民居家隔离的情况下,他终于有时间把他 20 年战略管理咨询及企业战略管理的经验和思考整理成书,并邀我作序时,我毫不犹豫地答应了。部分原因是我的出差量那时候同样大减,时间充裕些,同时我也可以顺便回顾一下我们合作过的这个相当"长寿"的咨询项目的历程。

"羊头"与"狗肉"

2012 年我认识王钺的时候,他在合益集团担任中国区高管,还没辞职去创业。那时候东原地产集团经历了八九年的发展,正在快速升级,项目数量进入两位数,城市也扩大到四个,经营跨度和管理难度与日俱增。在那之前的一年,我们启动了组织调整,并开始引入以老席为代表的一批万科、龙湖等一线公司的干才,以期增强实力,迎接升级。但我们没想到的是,新老融合本身反而成了转型期新的重大挑战。

那个时点我们在东原地产集团启动了一个题为"战略规划与解码"的

项目。说实话，我的出发点绝不是要制定个什么战略——我做投行出身，当然知道战略的重要性，也知道公司快速发展的时候战略更需要梳理和明确，但团队融合才是我那时候觉得最重要也最紧急的事情，因为我始终相信好团队是把一切好想法做成的前提和基础。

做战略的咨询公司不少，也各有各的做法。合益集团当年做这个项目运用的方法论，是从管理层成员的领导力测评与解析切入，接着以集体参与、有组织讨论的方式，驱动团队成员积极思考，共同完成推演，最终形成对公司重大目标、重点任务的共识。跟王钺的探讨，让我觉得有机会通过这套做法，让骨干了解彼此的风格，并对公司发展的目标和路径达成最基本的共识。大家只有看清了"大同"和"小异"，放下对"战友"不必要的担忧和顾虑，才有可能求同存异、低耗高效地往前跑。

最终，挂着战略的"羊头"，卖着团队融合的"狗肉"，这个项目就这样开始了。在那之后，东原地产集团还经历了一波又一波的"脉动式"加速，以及与之相对应的"脉动式"团队扩张。后来的团队融合虽然主要通过种种其他方式在推动和强化，但是2013年年初的那次战略规划和解码本身非常成功，并且在之后的数年里也一再被证明行之有效，所以也年复一年在东原地产集团延续了下来。

几点"用户体验"

"战略三环"这套方法论为什么有用、怎么用，书里讲得很清楚，我就不"剧透"了。我有几点个人的"用户体验"跟大家分享一下。

组织的受益就不说了，个人的收获包括几年来不知不觉在脑子里沉淀的一套系统，我称它为"望远镜—雷达—CT机"。"望远镜"负责向前看，动态校准战略，帮助找齐方向，别跑岔了而不自知。"雷达"负责向外看，扫描市场和同行，从中找机会、学先进、规避风险。举个例子，王钺喜欢从竞争对手的角度警醒和挑战大家，这对"天生佛系"的我来说尤为重要。我后来养成了对标的习惯，回忆起来多半跟这有关。"CT 机"用来向内看，结合"必赢之仗"和绩效目标的达成情况来诊断自身问题，有利于让问题及时得到核心团队的关注并达成共识，从而更好地得到解决。

又比如，这套方法论会催生一个共用的语言体系，包括隐含在其背后的思维工具，这些东西平常也很有用。同事们会开始在日常工作里用一些解码会上的常用词来进行讨论，这有利于把在项目那短短几天里达成的共识放大，延伸到会后的任务细化与执行中。

另外，主持人很重要。方法论明眼人一看就懂，但由外部人来主导的话，他会有一个客观中立的人设，团队成员就可以尽量少带成见和预设立场来参会，心态也更开放，有助于提升会议发言与讨论的质量。此外，短短的会议上要就那么多重大议题达成共识并完成任务分解，对主持人的要求非常高：与时俱进的知识储备、对公司和团队的了然于胸、沟通的技能与情商，等等。主持人无论在哪一项要求上只要稍有短板就难以驾驭解码会的进程：轻则无疾而终，浪费大家的时间；重则脱轨失控，开会可能比不开还受伤。

老医生也有难看的病

王钺这本书虽然写得简洁朴素，但作为多年用户的我必须说"战略三环"真的是套很好的工具，它在东原地产集团先后进入中国房地产 100 强、50 强的路上发挥了重要作用，而毋庸置疑，王钺也是"专家号"级别的"老医生"了。

但这样好用的一个解决方案，似乎也有它的局限性。之前它有一个难以打通的关，那就是对创新的战略确认与解码。东原地产集团刚好是一个特别爱创新的公司，每年大大小小的创新不断，无论是事前就奔着战略去的那些创新，还是事后发现有战略意义的创新，战略解码从其执行的中后端来看稍显被动，难以及时发挥作用，需要把前端的商业模式设计与创新进行强化。此刻回顾分析起来，我觉得，一方面，可能是因为"三环"的早期版本虽然覆盖规划、解码、执行的全流程，但它的效用更偏实效性的战略落地；另一方面，创新似乎也的确比较难以纳入常规战略管理的框架。

尽管如此，我还是乐于找机会跟王钺继续探索，毕竟好合作伙伴、好工具均不易得。因此，两年前当迪马工业启动二次创业，在"一头用业务创新拉动，一头用组织变革推动"的艰难时刻，我们同样以"三环"项目为抓手，有针对性地设计和实施了支持方案。

同样，2019年当我们把一部分协同型新业务打包装入迪马产发，新公司、新团队面对四条业务线乱作一团的时候，王钺帮助我们一起进行了梳理，明确了养老大健康、安全集成应用这两个业务进行战略性发展，同时把文体娱乐、产业社区转变为机会型业务进行支持和管理。

迪马工业、迪马产发这两个项目都需要"老医生"和他的工具包面对比较强的创新属性，这未必是大家过去熟悉擅长的领域，但我相信王钺有很强的决心和动力去突破，"战略三环"方法论也正在快速迭代与升级。迪马也正处于迭代与升级中。因为正如书中所说："战略管理并不能保证企业成功，它只是提升了企业成功的概率。然而，对于企业生死攸关的若干重大选择而言，任何一点成功概率的提升，都值得为之付出巨大的乃至全部的努力。"

推荐序三

战略三环：战略成为现实的高效之道

德勤中国华西区主管合伙人　王拓轩

我认识王钺很多年了，我们过去曾经在同一家公司共事。那时候，作为公司管理委员会成员，我们既要通过项目去帮助企业客户设计与执行战略，也要谋划我们自己在中国区的发展战略并采取行动。在多次的内部讨论中，我对王钺的认识逐渐加深。基于价值观的一致，我们更加互相欣赏与支持，可以说是惺惺相惜。

王钺是非常典型的管理咨询顾问，他有着极强的逻辑分析能力，在对内对外的战略管理上都强调方法论。与很多管理咨询顾问不一样的是，王钺非常务实，希望从实施效果出发进行战略的制定。他一直坚定地认为，咨询公司提供给客户的解决方案必须能够在自己公司内部应用并达到效果——"卖给客户的药必须自己先吃"。作为一个坐言起行的人，他的这个特点得到了很多客户端企业家与高管的喜欢，但是在公司内部有时候则会显得与国际管理咨询公司中常见的"高大上"理论派格格不入。

在餐桌上、会议室里、度假村内，他多次跟我聊到他的想法：针对战略咨询以及企业战略管理的共同痛点，形成一套更适合中国商业环境的战略管理方法。这套方法要简捷易懂，既有咨询公司的缜密逻辑与方法工具，又能照顾到企业内部实际执行战略的流程与问题解决需要。虽然那时候他还没有给这些想法冠以一个系统的标题，但是我相信这些想法已经从萌芽走向成熟。

后来他离开公司，被百亿元级民营企业的老板挖去做实质上的操盘手。这给了他把自己的想法进一步完善并系统实施的机会。中间我们陆陆续续见过几次面，每一次见面他都会兴奋地分享自己的想法在企业推行与实践过程中的苦与乐。听得出来，他已经把想法中偏理想化的部分削减掉，更多关注于这些想法的实战性与系统性。我当时就已经预感到，经过在大型多元化企业的淬炼，王钺获得了非常难得的将咨询方法与企业实践有机结合的经验，他的那些想法已经从小树苗变成了参天大树。

在目前的特殊时期，王钺发来他写的《战略三环：规划、解码、执行》摘要，邀请我给他的新书写序。在读完这些摘要之后，我的感觉是：好友当初的想法已经从种子变成了一片绿意盎然的树林，脉络清晰、新意勃发而且充满力量。

"战略规划、解码与执行"这三环，环环相扣、逻辑缜密、原理清晰、过程清楚。书里有不少方法工具是我所熟悉的，也有一些原创的要素。整体而言，我认为其最大的价值是"形成了高效的战略管理方法"。懂行的人才会明白，这绝不是简单拼凑与集成，而是必须在多年实战经验的基础上，在把企业战略想通透之后，才能形成的管理系统。就像一个产品，必须先有针对客户的价值定位，形成整体的理念，然后再通过设计去选择组件进行整合，最终形成一个有独特内涵与价值的精品，而非零件组合。

战略管理有非常多的流派，但大多偏于研究或理论。不管是战略地图，还是定位、竞争战略，或是心智认知，都偏重于一个方面，没有一个企业尤其是中小企业能够迅速掌握并沉淀和固化的系统方法。即使企业老板或者CEO在几年的EMBA学习过程中重新学习了这些理论，回到企业后仍然会感觉难以落地实施。战略规划的前端，对于关键分析方法与逻辑的构建，咨询公司秘而不宣。从战略形成到开始执行的过程中，企业的痛点是如何让老板或者CEO的战略意图转变为中高管的共识和具体行动。在战略执行过程中，最突出的问题往往不在产品与业务层面，而在背后的机制、组织、人员这些方面，所以针对战略执行需要，这些方面该做出怎样的改善，之前中国企业界很少有系统和具体的阐述。

我欣喜地看到，王钺的"战略三环"有效地克服了以上种种弊端，真正实现了他多年的心愿：为中国企业提供一套实用、好用的战略管理方法。我认为，这套方法不仅仅对企业的老板和高管适用，对于我们这些仍然在管理咨询领域工作的专业人士而言，也加强了我们对战略管理的系统性认知，是从业人员的必备知识与操作指南。

我相信，由于见地各异，搞战略咨询的顾问会从王钺的这本书和这套方法中找到若干不足与缺陷；而由于商业环境的急剧变化，企业界的朋友也会从这本书和这套方法中发现不完善之处。但是，这个"三环"的整体逻辑和逐步递进形成成果的作用，是经得住企业实践考验的，一定能具有长久的生命力。我期待，随着更多商业案例的积累，王钺的《战略三环：规划、解码、执行》能迅速迭代到新的版本，为中国的企业界与咨询界持续做出贡献。

推荐序四

战略解码才能实现全员同频共振

猪八戒网创始人、CEO 朱明跃

《战略三环》中讲到，只有不到10%的公司有效执行了战略规划。战略解码这件事很容易被忽略——很多创业者尚未意识到从战略形成到开始执行的过程中，核心是如何让老板的战略意图转变为中高管的共识和具体行动；在战略执行过程中，最突出的问题往往不在于战略规划是否正确，而在于执行的员工是否从内心真正理解和接受了公司的规划。如何让战略规划得到有效落地，关键在于解码是否到位。没有解码的战略规划会成为空想，没有解码的战略执行变得各自为政，难以形成合力。因此，战略解码是连接战略规划与执行的必经桥梁。

对于猪八戒网来说，自创立之日起我们就非常重视战略问题，我们笃定地选择了企业服务这一赛道，并围绕对生产性服务业进行数字化复刻构建了自己的"三级火箭"商业闭环。回过头来看，这些年猪八戒网摸着石头过河，我们在战斗中学会战斗，确保公司走在正确的道路上。我们有公司的中长期战略，也有公司的年度计划，也具备较强的组织执行能力。但在每年的年终总结时发现，年初制定的战略目标和年底的实际情况差距较大，我们也反复查找问题，分析原因，总感觉一直未找到真正的根源所在。

2021年春节前，我让猪八戒网高管团队提前学习了《战略三环》这本书，要求所有人提交了书面学习笔记和体会。春节后，即邀请王钺先生担当教练，以工作坊的形式带领猪八戒网高管团队进行为期两天的战略共创会议。在他的引领下，高管团队运用书中的"三环八步"对公司经营发展进行抽丝剥茧地分析，对外部市场与客户进行多维度深度洞察，群策群力，共同探讨形成了公司的战略规划，以及公司未来5年的战略重点和2021年的必赢之仗，然后进行一级行动的解码。

通过系统性的学习和讨论，大家意识到战略解码承上启下，是将战略规划变成现实的关键环节，它会在公司治理中发挥非常关键的作用，不可或缺。战略解码的本质其实是一个将战略融入每个员工的血液，进而理解、认可公司战略，最终实现同频共振的过程。战略规划不是老板一个人的事，而应该是团队智慧的结晶。当然，再完美的战略规划，解码得再到位，如果不去执行，不坚持执行，最终也只是悬浮在空中的美好蓝图而已。而且，战略的执行不是一蹴而就的，需要我们长期地坚持，不懈地推进，在执行中还需要匹配组织、人才、机制和文化，并定期进行战略纠偏，确保战略目标实现。

通过与王钺的接触，我发现他不仅对战略的理解鞭辟入里，而且在企业服务领域也有丰富的实战经验。《战略三环》这本书将王老师多年的理论研究和实战经验，通过大量的真实案例，毫无保留地呈现在读者面前。书中的方法论和工具可以在实操层面指导企业更好地进行战略规划、解码、执行，引导企业的战略脱虚就实，有效执行。

前言

以战略三环管理企业成长

2020年年初,一场席卷全球的"黑天鹅"事件促成了本书的诞生。

很久以前我就意识到了,在中国企业战略管理领域存在一个痛点:缺少一套简捷高效、容易理解和实施的战略管理方法。

当我在国际管理咨询公司任职时,面对着企业创始人与CEO充满期待的目光,虽然我带领团队提交了战略规划,也帮助他们进行了战略解码,但是我仍然可以判断:当企业内部没有形成战略管理的通用语言,企业管理人员普遍缺乏战略管理的能力时,再完美的战略规划与战略共识也无法真正在企业内部产生效果。

我在企业里负责战略管理时,面对求知若渴的高管和年轻的经理人,发现他们在"如何把商业机会转变为企业的目标与战略"方面急需严谨的逻辑与流程,而老板与高管团队在战略制定过程中,又普遍缺乏真正的共识与高质量的行动分解。

我逐渐强化了自己对战略管理的认识——战略管理的本质是企业实现持续增长的方法,同时,我产生了一个念头:也许我可以在这个痛点上有所作为,在咨询与企业实践之间搭一座桥,形成一套可以帮助众多快速成长的中国企业尤其是中小企业的战略管理方法论。

这套方法论能够让工作与企业战略相关的人们认识到以下几点：

战略并不神秘。战略不应该只源于企业创始人与CEO的脑海，或者咨询顾问的PPT。战略使企业的关键人员（包括中高管与专业技术带头人）都能通过投身于客户和市场，结合竞争分析，理解企业对商业环境的正确反应与进化选择。更多的人员应该参与到战略研讨中，为企业战略制定与实施带来高质量的贡献，从而让企业创始人、CEO、战略管理部门不再孤独与无奈。

战略并不空洞。战略不应该是晦涩难懂的刻板理论或玄学，而是建立在企业各种业务活动基础上的方法、工具、流程与能力的有机集合，是"实现组织整体目标、赢得竞争的根本方法与手段"。同时，遵循商业的逻辑，坚持围绕客户、市场与竞争进行分析与决策，就能够在若干战略选择中做出取舍；向企业的核心团队澄清目标并与其形成共识，就能够把战略转化为具体行动和责任；及时有力地推动企业的组织、人才和文化变革，就能够实现它们对战略执行的支撑；理解企业创始人与CEO的领导力特征，就能够把握战略管理要点的每个可能结果。在整个过程中，以上几个要点是非常具体和容易理解的，抓住这些要点就能扎扎实实地形成战略成果。正如中欧商学院方二教授所说："战略在方向上就是大赌大赢，在路径上要大舍大得，在能力建设上则是大拙大巧。"

然而，即便有了这个执念，但在过去几年的时间里我迟迟未动笔。一方面由于创业、企业辅导、高管教练等各类工作繁多，无法留出一段足够的空档时间；另一方面由于对战略管理始终有敬畏之心，希望能够再多一些实战案例与经验的积累，使思考更完整也更有深度。

我曾在多个战略会议上强调"VUCA"（不稳定、不确定、复杂、模糊）的商业环境发展趋势，但是没有想到2020年年初的"黑天鹅"事件完美呈现了"VUCA"的特征。身处这个时代大事件中，我感受到了内心的使命召唤，突然觉得必须要动笔了。"治大国若烹小鲜"，应对这次事件的国家级战略再次印证了"以目标为核心的战略规划、以行动和责任为核心的战略解码、以变革为核心的战略执行"这三大环节在企业组织、政府部门乃至国家层面的战略管理方面都是符合逻辑的、站得住脚的、经得住考验的。

在此次突发事件得到控制后,"推动企业战略性高效发展"将是经济复苏的关键之一。所以,在这个时候把"战略三环"的方法论分享给更多的人,无疑也是更有价值的。最后,这样的"黑天鹅"事件再次警醒我,"明天与意外不知道哪个会先到来",该做的事宁可提前做,也不要给自己留遗憾。就这样,我终于在2020年2月20日的上午,开始敲动键盘。

我决定坚持用"战略三环"来构建战略管理的方法论。《战略地图:化无形资产为有形成果》⊖里提到"突破性的成果=准确描述战略+有效衡量战略+管理战略实施",基于规划、解码和执行的"战略三环"充分体现了上述三个要项,让我对其适用性充满了信心。首先,这套方法论已经在不少中国知名企业包括我辅导的企业取得了实际效果。本书用真实的成功与失败案例来具体说明方法论的应用,避免了像许多战略管理类书籍那样,走入过于理论化的误区。其次,这套方法论所集成的内容,大部分基于国际管理咨询公司与中外知名企业的实践,既有强大的理论基础,又有逻辑和数据支撑,避免了完全独立创新的试错风险,可以让读者放心地学习与应用。最后,"规划、解码、执行"的"战略三环",与我多次参加"玄奘之路"获得的"理想、行动、坚持"的人生领悟有异曲同工之处。与管理企业一样,人生何尝不需要战略?在有限的人生里,取得最大的成果,同样需要战略管理。因此,我写这本《战略三环:规划、解码、执行》,还希望能给读者带来对人生战略的更深层次的思考。

就像战略的出发点是客户一样,我写本书,也是希望能给目标读者带来裨益。以企业创始人和CEO为代表的高管,在阅读本书时,我希望首先

⊖ 罗伯特·卡普兰,大卫·诺顿.战略地图:化无形资产为有形成果[M].刘俊勇,孙薇,译.广州:广东经济出版社,2005.

帮助他们梳理关于企业战略管理的整体思路，同时也能让他们形成或优化自己的方法论；其次帮助企业高管团队形成共同语言，便于他们在企业战略管理过程中高效沟通与达成共识。对于还不具备战略管理责任的经理人员来说，阅读本书，主要是理解企业战略的由来，能够把握自己在战略分解与执行过程中应该起到的作用。对于众多管理咨询公司与培训公司的专业人士而言，本书除了让他们强化方法论与工具应用，更重要的是理解企业内部"战略解码与执行"过程中的诸多细节与困难，让他们以后能更好地与企业沟通，从战略管理全过程提供专业价值，而不再局限于战略的前端。对于商学院的教职人员来说，鉴于书中分享了不少近期的真实案例，不妨把本书作为那些企业战略管理的经典大作在中国市场落地的补充参考。

我希望本书首先具有实用性，是纯干货，因此把"战略三环"在实战中的具体操作步骤、相关工具、常见问题、过程与成果都毫无保留地呈现了出来。每一个步骤都配以具体的案例来说明，而且用一个比较大的案例来贯穿整个三环，清晰地展现了逐步递进的过程。这样，本书就能够像操作指南一样，成为很多读者案头的工具书，保持其长远的生命力。其次，文字上尽量接地气，不去追求文字的华丽与叙事的精彩，而是按照企业管理实践的务实需要来写，客观、理性与严谨。另外，由于篇幅限制，又不想过多占用读者宝贵的阅读时间，因此很多企业战略管理大师与先贤的观点、理论和方法工具只能根据"战略三环"完整性的需要有所提及而无法展开，需要读者自行补充阅读。

任何事物都有其局限性。本书的局限性在于，"战略三环"更适用于单一业务或者相关多元化的企业。对于大型多元化企业集团而言，"战略三环"无法直接在集团顶层涉及产业组合与协同的战略制定上提供帮助，而只能给它们的每个子集团、产业板块的战略管理带来价值。

写书的确不容易，绝不是弄一张思维导图，然后将文字、数据和案例组合起来就可以了。长期的咨询顾问职业习惯，让我必须不断在脑海里梳理思路，对于案例要不断进行复盘和归纳总结，对于数据要不断查证和调整，对于观点要不断推敲和斟酌，其难度远远超出了我的想象，比做一个千亿元级企业的战略管理项目还要耗费心力。在这些思考里面，有几点我觉得有必要重点和大家分享：

有战略不一定成功，没有战略必然失败。尤其是在当下和未来的商业环境中，靠所谓资源与搭顺风车的时代真正一去不复返了。企业必须有战略，但是战略并不能保证企业成功，它只是提升了企业成功的概率。对于很多出了问题甚至破产倒闭的企业而言，它们可能是拥有战略的，而且战略本身从逻辑上来说也是站得住脚的。可是，在愈加复杂多变的商业环境中，企业外部的一次"黑天鹅"事件、企业业务或者运营上的一个失利，都可能将企业带入泥沼，甚至使企业步入无法挽回的境地。战略无法预知所有的可能性，只能在企业的主航道上针对企业可预见与可控的因素去产生作用。但是，只要战略管理能够在影响企业的无数变量里抽取出核心变量，就可以在影响企业生死存亡的要点上提升成功概率，而哪怕只提升20%的成功概率，也值得企业领导层投入80%的时间与精力。

"战略是科学，也是艺术和手艺。"⊖这句话来自阿里巴巴集团前执行副总裁和参谋长、长江商学院前教授曾鸣。战略管理，不仅需要有严谨与理性的数据分析和过程管理，而且需要针对组织中的人性进行洞察与应对，这就需要感性的、影响心智的领导力。因此，战略管理方法论里必须包含个性化的领导艺术和经验要素，这些要素远比方法、数据、工具和流程难以捉摸和把控，战略管理者对此要保有敬畏之心。

战略一定是分阶段的目标驱动。真正的高手，擅长把宏大的目标与事业切分为具体的细节与步骤，然后踏踏实实逐步实现。企业战略管理也是这个道理。妄谈十年大计、百年基业，不如在明确长期愿景的前提下，把

⊖ 曾鸣. 战略的艺术 [EB/OL]. (216.06.03) [2020.05.19]. https://weibo.com/ttarticle/p/show?id=2309403982265976756017.

握好 3～5 年的战略周期，秉承"以终为始、目标驱动"来确定这个战略周期实现目标的根本方法与手段。每个阶段目标的实现，都能给自己和员工注入强大的信心与勇气，由此战略管理才能成为让人尊重与信服的方法论。

最后，鉴于本人才疏学浅，本书虽然经过精心打磨，但仍然可能存在若干不尽如人意之处，还请企业界、咨询界和商学教育界的朋友多提宝贵意见。本书的完成，得到了太多人的帮助，我需要对以下这些机构与个人致以由衷的谢意：

感谢迪马股份的罗韶颖董事长、博腾股份的居年丰董事长、丝路视觉公司的李萌迪董事长、广东东菱凯琴集团的郭建刚董事长和郭建强副董事长、博奥集团汪武扬董事长、猪八戒集团朱明跃董事长等众多企业家朋友，是你们多年的陪伴，给我提供了形成与优化"战略三环"方法论的机会。

感谢 IBM 公司和我曾经任职的合益集团（Hay Group），你们在全球多年沉淀的理论与经验为"战略三环"方法论提供了强大的基础和专业知识。

感谢在我成长的过程中辅导过我、帮助过我和批评过我的同事与客户。

感谢伟略达 WayLeader 管理咨询公司的联合创使人吴凯、袁中华、方向晖等事业伙伴。

感谢我的家人，是你们让我的人生战略变得可能并充满了意义。

2020 年 5 月 19 日于深圳雍祥居

目 录

推荐序一　战略与商业模式的清晰融合
推荐序二　望远镜—雷达—CT机
推荐序三　战略三环：战略成为现实的高效之道
前　　言　以战略三环管理企业成长

导　　言 ｜ 企业战略管理概论

008　第1章　企业战略管理的发展阶段与层次

014　第2章　战略三环的基本内涵

第一模块 ｜ 将商业机会转变为战略规划

018　第3章　赛道选择：洞察市场与客户

019　市场的总容量
026　市场的成长性
028　市场的基本特征
032　市场的关键成功要素

034　市场的发展趋势

042　第 4 章　打造竞争优势

044　竞争格局分析

047　企业竞争力分析

048　选对竞争对手

049　打造企业核心竞争优势

058　产品与服务的竞争

060　商业模式的竞争

061　商业模式案例

064　第 5 章　制定阶段性战略目标

065　战略地图

065　目标与指标的关系

069　目标设定的两种风格

070　目标设定中的艺术

071　目标实现的过程管理

075　模块案例一　猪八戒集团的战略升级规划

第二模块 ｜ 将战略解码为行动与责任

082　第 6 章　战略澄清与达成共识

082　战略执行的障碍

084　战略澄清的必要性

086　战略澄清研讨会

091　第 7 章　战略重点与实施路线图

091　战略重点的特征

092　共同明确战略重点

094　常用战略术语

102　战略重点描述的常见问题

103　战略实施路线图

107　第8章　"必赢之仗"行动分解与绩效责任明确

108　"必赢之仗"

111　"必赢之仗"的行动计划分解

116　行动分解的相关问题

117　"必赢之仗"的责任到人

120　模块案例二　东原地产集团的战略解码

第三模块 ｜ 战略执行靠组织、人才与文化

130　第9章　支撑战略的组织系统

130　战略管理的组织与流程

132　战略引发组织变革

144　第10章　为战略持续优化人才队伍

144　将才对战略实施的作用

147　战略引发的人才结构优化

151　战略实施中的能力建设

154　第11章　战略驱动的文化重塑与升级

154　企业文化对战略实施的重要作用

156　根据战略重塑文化

159　模块案例三　博腾制药支撑战略的组织与人才升级

第四模块 | 贯穿战略管理的领导力与经营业绩

168 第 12 章　战略三环中的个人领导力

169　领导力的首要特征是前瞻商业机会
173　目标制定中的领导力
174　促成战略共识的领导力
176　战略执行中的领导力
178　战略管理者的自我认知与自我提升

182 第 13 章　战略管理中的集体领导力

182　班子对于战略管理的重要性
185　打造战略管理的集体领导力

190 第 14 章　战略与经营业绩的关系

194 给企业战略管理者的结语

195 附录　经典案例：广东东菱凯琴集团突破成长瓶颈

204 参考文献

导 言

企业战略管理概论

知名国际咨询公司波士顿咨询集团的巴里·琼斯把企业战略管理的历史分为三个阶段。

第一阶段是从 20 世纪 60 年代早期到 20 世纪 80 年代中期，战略主要是关于**定位**。

这个阶段的标志之一是 1965 年，企业战略管理鼻祖伊戈尔·安索夫出版了《公司战略》，系统阐述了企业如何通过产品与市场的组合来做好公司的经营，这也被认为是企业战略管理理论的开端。安索夫认为：企业既不能靠直觉发展战略，也不能以自然形成的方式实现增长。有效的战略产生于严谨的思维中，战略的形成是一个深思熟虑的过程，必须有深入的分析、充分的理由才能采取战略行动。

20 世纪 80 年代，战略大师迈克尔·波特和产业结构学派的追随者对企业战略的研究关注于产业结构要素带来的竞争，"规模经济""经验曲线""进入壁垒"等与产业结构息息相关的竞争战略理论兴起。

其间的战略管理理论主要有两派：以波特为代表的定位论（认为战略的关键在于选择）和以亨利·明茨伯格为代表的组织学习论（认为没有公司真正能选择战略，战略很少能像预想的那样执行，而是公司选定一个方向，然后接受市场和竞争者的反馈，不断调整）[⊖]。

第二阶段是从 20 世纪 80 年代末至 21 世纪初，是关于**流程优化**与**核心能力**的。

20 世纪 90 年代，普拉哈拉德和哈默尔等人提出"核心竞争力"，以及资源基础观和动态能力理论崛起，企业战略理论开始偏向于"核心竞争力""动态能力"等与企业价值链活动相关的经典概念。罗伯特·M.格兰特在其《现代战略分析》一书中提出，成功的战略源于在竞争环境中明确长期发展目标、评估资源并高效地执行，战略的过程化管理开始浮现。成功战略管理的框架如图 0-1 所示。

⊖ 沃尔特·基希勒三世.战略简史[M].慎思行，译.北京：社会科学文献出版社，2018.

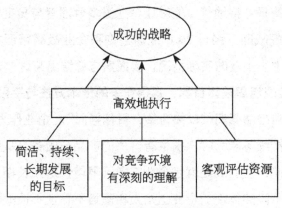

图 0-1　成功战略管理的框架

第三阶段是从 21 世纪初至今，集中于**以"人"和创新为特征的无形资产**。

有的把"人"当作可以随时替换的职业经理人，有的认为如果不激发人的最大潜能公司就无法成功，有的将人作为创新的关键，而创新则是现代竞争优势的必要条件。现在，战略优势很快就会被竞争消除，商业模式的生命周期也越来越短，行业集中度越来越高，战略的任务变成怎样使现存的公司和新公司一样有创造力。

最近几年，以长江商学院廖建文教授为代表的商学院教授提出，未来企业拼的是"竞争优势＋生态优势"⊖，认为企业战略要更多关注于在跨界合作与价值共创中打造生态圈。

关于企业战略的定义与内涵，这些大师与先贤给出了多个版本。亨利·明茨伯格曾经在《战略历程》⊜里面总结了战略十大流派：设计学派、计划学派、定位学派、企业家学派、认知学派、学习学派、权力学派、文化学派、环境学派、结构学派。不管这些战略流派强调自己的理论有多么前沿与高深，我们这些活跃在中国企业管理一线的咨询顾问、企业家和高

⊖ 廖建文，崔之瑜. 未来企业拼的是"竞争优势＋生态优势"[J]. 销售与管理，2016(9):108-113.
⊜ 本书中文版机械工业出版社已出版。

管普遍感受到的是：接地气，能够让企业更多管理者与员工容易理解和执行的战略才是好战略。经过20年战略咨询和企业战略管理实操，特别是针对中国众多中小企业的实际情况，我摸索与总结出来这么一句话：

"战略是实现组织整体目标、赢得竞争的根本方法与手段。"

首先，企业战略强调"以终为始、目标导向"。 企业作为营利性组织，存在的意义是持续不断为客户提供有价值的产品与服务，从而获取利润和价值增长。因此，企业战略就是企业实现无限增长这一长期目标的方法具体到各个发展阶段的体现。企业创始人和高管不管谈不谈战略，脑海里面永远都要清晰的是：我这个企业长期要做什么（使命与愿景），中间每个阶段要具体成长到什么状态（目标），然后找到实现这些目标的方法与路径。

人类历史说明，伟人并不是天生的，但是我们研究伟人的成长史会发现，他们都有一个成功的规律：年轻时就在一个特定环境里形成了远大志向。他们擅长制定符合这一志向的阶段目标，并通过不断的努力与坚持，逐步实现各阶段目标，完成了整体的螺旋式成长。

企业发展也符合这一规律。只有坚持长期主义，从对未来机会与挑战的认识中不断确定领先于竞争者的目标，才能形成"有意义"的战略。全球企业发展史已经充分验证：随波逐流、完全应变式的战略，只会让企业在某个发展台阶上痛苦盘整甚至逐渐沉沦，而基于客户洞察，以市场前瞻形成未来目标倒逼企业资源配置和战略管理的企业，才能不断突破成长瓶颈，在竞争中脱颖而出，形成领先优势。

其次，企业战略强调"整体目标"。 大多数企业战略管理失效的原因在于，企业组织中的人员往往把个人绩效目标或者部门目标放置在最高位置甚至是唯一位置，而淡忘了企业整体目标和实现目标的措施与细节，从而出现了行动中各自为战、相互脱节、抢夺资源的现象。企业进行战略管理的目的之一就是凝聚企业组织中的各种资源来实现对客户的价值交付，对抗"部门墙"和"本位主义"。因此，在进行战略管理时，企业创始人与高管的首要任务，就是保证战略管理的过程能够让员工从心智上和行为上始终把组织的整体目标放置在最高位。既要理解企业的公司级目标是怎么来的、如何实现，更要理解各业务单元、前中后台之间如何协作，这样才能保证整体目标的实现。最理想的情况是，基层员工也能看到自己本职岗位工作的内容与公司战略之间的关系。

再次，好的企业战略强调"赢得竞争"。 战略战略，战争之略。"战略"这个词本身源于军事，就是为了在战场上不断打败对手和决定生死而存在的。"战略"一词被引入商界，是因为商业的竞争和战场一样现实、残酷，事关企业的生死。这意味着，企业战略从制定到实施的全过程都要以"无情商业竞争的存在"为前提，企业在竞争中必须全力求赢。不少企业的战略制定可以说是闭门造车，在对竞争理解不深入，甚至对竞争对手一无所知的情况下，一厢情愿地认为规划好了战略行动就可以实现目标，完全忽视了竞争格局的动态变化。在各细分市场的传统竞争趋向激烈、跨界竞争不断产生的今天，轻视竞争极有可能让企业在一开始的目标制定时，便处于后退的态势甚至落败的境地。讽刺的是，无数案例说明，越是相对领先的大企业越有可能犯"轻敌"的错误，因为过往的成功让企业上至高层、下至基层员工都开始出现"自大"与"竞争懈怠"的心理。因此，战略管理的全过程都要求企业全员重视竞争，建立商业智能（business intelligence，BI）分析系统，从目标到行动细节都体现出企业要"战胜街对面的对手"甚至是"战胜看不见的对手"的决心。当然，这个过程中最难的就是企业全员如何保持"求赢"的斗志。这既考验了企业创始人及高管长期保持危机感与自我革新的心智状态，更考验了企业是否能够以"狭路相逢勇者胜"的价值观深刻影响全员。

最后，企业战略本质上是一种方法论，甚至是一种哲学。 它反映了战略制定者如何看待微观组织与宏观环境的关系、企业与客户和竞争者的相互关系、企业顶层设计与基本执行的关系、企业的发展阶段与成熟度的关系。因此，企业战略讲究的是有效区分战略与战术，抓住本质与要害，在影响企业发展的"胜负手"上落子与发力。举例而言，"增强客户黏性"是电商企业的战略思考，但是"一年中规划多少次大促"则是战术层面的考量；"销售费用率偏高"是经营表象，"市场和行业环境变化引发销售模式亟须改革"才是战略思考。把大量精力放在各职能、各业务单元的战术层面工作上，而没有抓住"企业如何快速响应客户需求和市场变化以保持核心竞争力"这一永恒命题，就是典型的"战术上的勤奋掩盖了战略上的懒惰"。当我们把企业战略作为方法论来看待的时候，我们就会保有敬畏之心，知道企业战略并不存在"神来之笔"、心血来潮。作为方法论，就意味着企业战略必须具有能被验证的商业逻辑，能够被系统地学习和掌握，形成闭环。因此，本书试图给企业创始人和高管带来的价值是，通过一个简洁、高效、具有严谨逻辑支撑的"战略三环"方法论，让他们掌握企业战略从规划到解码再到执行的管理方法。

肩负着企业战略管理责任的企业领导者（最典型的是企业创始人和高管），如果在战略规划、解码与执行的管理上缺乏系统的认知、知识、训练、实践、反思和提升，就会出现战略上的种种失误。我的朋友王成在他的《战略罗盘：提升企业的战略洞察力与战略执行力》里将其归纳为以下四种典型[⊖]。

"战略流浪汉"：没有清晰的规划，无法回答"我是谁""到哪儿去"和"如何去"，盲人摸象。

"战略东施"：缺乏明确的定位，不停地模仿竞争对手或者盲目照搬成功企业经验，水土不服。

"战略墙头草"：缺乏能力基础，无法落地生根和传承。

"战略恐龙"：对外部反应迟钝，充满惰性，被快速变化的环境所淘汰。

为了时刻防止企业陷入以上种种战略管理误区，企业领导者必须时刻

⊖ 王成.战略罗盘：提升企业的战略洞察力与战略执行力 [M].北京：中信出版社，2014.

用"灵魂三问"来警醒自己：

(1) 我们的战略是否清晰回答了如何实现组织整体目标？

(2) 我们的战略是否能让我们在竞争中获胜？

(3) 我们的战略是否形成了管理闭环？

对这三个问题的持续思考会让企业领导者意识到，企业可以把这些问题的思考与解答，结合若干逻辑、方法、工具、人员与流程，有机整合形成一个系统，从而对战略进行动态管理。战略管理并不能保证企业成功，它只是提升了企业成功的概率。然而，对于企业生死攸关的若干重大选择而言，任何一点成功概率的提升，都值得为之付出巨大的乃至全部的努力。

第1章

企业战略管理的发展阶段与层次

谈到企业战略管理,企业界出现过两种不健康的风气:一种是盲目"去战略化",另一种是"泛战略化"。

第一种是因为过去20年来企业战略管理言论的泛滥,以及"以结果论英雄"的思潮,出现了"有业绩了什么都是战略,没业绩了什么战略都是没用的""互联网公司变化太快,没法谈战略""谈战略不如琢磨一下羊毛出在猪身上的商业模式"等奇言怪语。这背后,部分原因是早期的中国企业靠资源(矿产、土地、银行贷款)就可以轻易完成资本积累和扩张,企业创始人和高管一开始就轻视企业战略,还有部分原因是企业不停忙于追逐各种所谓"风口",贪图通过商业模式或资本运作让企业估值一飞冲天,然后迅速套现,根本不会认认真真在战略研究、管理和执行上下苦功、抓细节。

第二种是不区分发展阶段和层次的"泛战略化",凡事都冠以"某某战略"的说法,导致公司级战略与业务职能级战略不分,战略与策略混为一谈,战略庸俗化,所以很多企业出现了"行政管理战略"以及"根据公司战略进行前台接待工作安排"这样浮夸与滑稽的文字。

一个客观事实是,在大部分企业的初创期,创始人忙着抓业务和现金流,对于企业的战略管理是懵懵懂懂的,对于未来发展的思考往往是凭直觉而不是去做研究。但是,这并不意味着企业就不需要战略了。与之相反,如今各种商业的细分领域格局已定,靠粗放的资源红利及人口红利来发展企业的时代已经一去不复返。在这种情况下,初创企业对于赛道的选择、竞争的研究、聚焦于关键产品与服务配置资源的"打法"更需要精准,并正确发力,这本身就是战略管理。中国有一批领先企业已经成长为全球500强,需要在全球参与竞争,业务组合高度复杂化,这些企业想要在极大的盘子上持续实现增长,就更需要严谨地对"商业环境—机会—竞争—目标—行动—系统—检讨复盘—更新与升级转型"的全过程进行管理。因此,企业的战略管理贯穿了企业全生命周期。就像人的思维一样,"生命不息、思考不止"。值得强调的是,基于全球企业几百年的商业实践,企业创始人和高管可以借助大量的案例去理解企业发展全过程中的战略管理要点和规律。有了战略管理的全景图,就可以在做好当下的战略管理的同时,预见企业下一发展阶段的战略管理变化,未雨绸缪。

图1-1清晰揭示了企业在从小做大的过程中,必然会经历"单一产品/区域市场到多元产品/跨地区市场"的递进式发展,企业组织也会呈现出不同的特点。其背后,无非是企业努力适应经营环境变化的两种反应:既要前瞻地抓住机会求发展,又要有效应对内部危机。反应得当,企业就能突破瓶颈,上升到下一个发展阶段。这种反应就是战略的体现。因此,各阶段制定和执行适当的战略,就成了企业创始人和高管无法回避的挑战,也成了衡量企业是否可持续发展的根本标志。

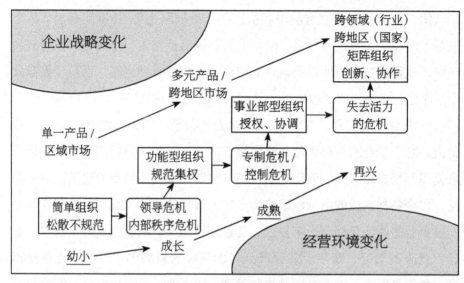

图 1-1 企业战略成长模型

在一个大型企业集团内部,战略管理是分层次的。每个管理层级应根据其授权程度和资源配置,精准地理解战略的关键点和可能选项。我们以某多元化控股集团来举例,说明企业不同组织层次的战略要点(见图 1-2)。

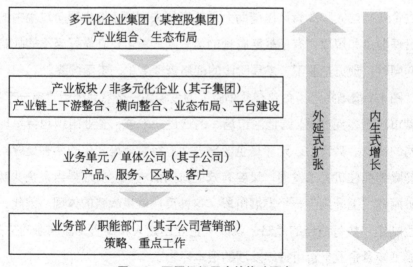

图 1-2 不同组织层次的战略要点

图 1-2 中的多元化控股集团有若干子集团，其中，某子集团是大型房地产企业，拥有若干区域公司和子公司。

从这家控股集团一线子公司的层面来看，其产品、服务、区域、客户的结构通常是上一层级给定的，企业的战略制定过程围绕结构化调整展开，从而可以产生若干战略。比如，针对当地的需求开发新户型（新产品），寻找团购客户（新客户），配套教育资源（新服务）等；对于业务部/职能部门而言，在产业链中的位置通常也是上一层级给定的，战略围绕业务组合展开，这个层次更多地在"细分""差异化""聚焦"等战略选项当中进行选择，如聚焦豪宅市场，突出绿色智能功能等。

在非多元化的子集团层面，战略上除了传统业务优化以外，还会更多关注产业链上下游整合、横向整合等，这个层次更多地强调"垂直一体化、相关多元化"的重大机会，并开始面临并购的外延式扩张与内生式增长之间的选择。比如，除了传统住宅的地产业务持续增长以外，如何抓住机会进入长期持有型业务（比如商业与产业地产）、做大服务（物业管理与建筑）就是典型的战略选项。

而在多元化控股集团层面，战略更多思考的是如何构建一个持续创造价值的产业组合。无论是巴菲特式的"价值投资，长期持有并卖出"，还是通用电气公司（GE）和复星集团这类公司强调的"产业运营"，各产业的业务都必须创造持续领先的竞争力，更难的是还要追求业务之间产生协同作用。在面对产业进入、强化与剥离的过程中，资本会成为战略管理的重要手段。比如这家控股集团就可能要面对"除地产以外，是否要进入科技、公用事业等其他产业领域"的战略选项。

毋庸置疑，战略管理的层次越高，战略上面临的复杂度就越大，对于企业资源、组织能力、创始人及核心高管的个人能力要求就越高。今时今日，在当下的管理层次上，管理者必须高效地进行战略管理，更要向上理解上一层次战略的由来、内涵与未来演变，这就要求管理者跨越企业发展阶段和层次的局限，熟练掌握战略管理的大逻辑与方法论。

中外有关企业战略管理的流派与方法工具可以说是汗牛充栋、数不胜数，比如罗伯特·卡普兰的《战略地图：化无形资产为有形成果》、迈克尔·波特的《竞争战略》、MBB（麦肯锡、波士顿、贝恩）三大战略咨询公司的若干战略工具等。战略管理属于实践学科，任何卓有成效的企业创始人、高管或咨询顾问都可以从自己的经验中总结出一些对于战略的认识和理论。然而，能够把战略"从意图到行动再到落地"这一全过程进行完整的、模块化的表达与工具化，并具有成熟的运行经验，这样的战略管理系统还不多见。对于企业而言，聘请"高大上"的战略咨询公司只会得到由大量的 PPT 给出的战略建议，咨询公司并不负责战略具体实施落地，而在实施过程中，企业内部人员如果没有经过战略管理的系统训练，就会举步维艰；对于咨询公司而言，"企业如何在高层达成战略共识""企业在复杂多变的市场环境中如何高效执行战略"等问题，远远难于咨询公司所擅长的调研与规划，导致了方法与工具的不完整性。因此，对中国企业尤其是中小企业而言，缺乏一个易学易用、高效简捷的方法来拉通战略管理全过程，是一个长期存在的痛点。

我有幸在过去 20 年内历经了管理咨询顾问、企业高管和创始人三个角色。我在国际管理咨询公司合益集团担任大中华区副总裁期间，服务的客户既包括众多中国头部企业（腾讯、华为、中国平安、华润集团、万科等），也有各细分领域的领先企业（比亚迪、招商银行、欧普照明等），接触和应用了全球范围内众多先进的战略管理方法与工具。在民营企业集团担任常务副总裁期间，我实际管理了集团战略与下属若干业务单元的公司战略。之后在创业的过程中，我不断地运用各种战略管理方法与工具来推动企业的发展。在长期的学习与实践过程中，我兼顾了企业外部的战略管理理论高度和内部实操落地需要，集成了若干经典战略管理理论、方法与工具，开发了一套比较系统、通俗易懂、容易学习和掌握的战略管理 PDE （planning，规划；decoding，解码；executing，执行）方法论，我把它称为"战略三环"（见图1-3）。

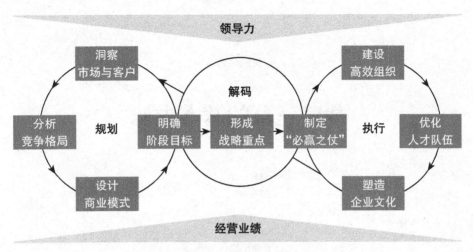

图1-3　战略三环模型

需要声明的是，这个方法论主要借鉴了IBM公司的业务领导力模型（business leadership mode，BLM）和合益集团的战略解码方法，但是其表达方式与具体内容更多的是在我给企业提供战略咨询并将其在企业进行实践的过程中归纳总结出来的，有效地弥补了这些战略方法与工具的不足：BLM胜在战略分析与业务设计的逻辑，但在形成企业战略共识与战略分解方面有所欠缺；战略解码只关注了过程咨询，没有在战略的源头上进行市场与竞争分析，对于战略目标制定也是假设给定的。此外，战略地图等方法偏重于从财务指标分析出发，且针对不同发展阶段的企业都强调了"平衡"这一内涵逻辑，并不完全符合快速发展期中国企业的实践需要。

第 2 章

战略三环的基本内涵

战略规划(planning):基于对市场与客户需求的洞察,寻找商业机会,评估商业竞争,明确竞争优势所在,在选定的业务范畴内打造更能创造价值的商业模式,在一个确定的战略周期内(通常为 3~5 年)明确战略目标。

战略解码(decoding):聚集企业核心团队,就实现公司战略目标的重点措施进行讨论、澄清并达成共识,明确 3~5 年战略周期内的关键任务和实施路径。最重要的是聚焦于次年,制定若干战略执行的"必赢之仗",分解成具体行动并责任到人。

战略执行(executing):针对"必赢之仗"的实施需要,进行组织体系的优化与变革;通过人才盘点,将关键岗位人才与战略行动需要相匹配;人员结构调整之后,更新与升级企业氛围和文化,从而鼓舞人才队伍全力投入企业战略实施过程。适时审视战略执行并动态优化战略执行细节。

贯穿战略三环的，一个是领导力，即企业关键人员在战略规划、解码与执行过程中体现战略思维、勇于挑战自我与企业现状、带领团队实现目标的能力，包括创始人或 CEO 的个体领导力与核心团队的集体领导力；另一个是企业的经营业绩，即企业的战略必须贯彻到日常经营活动中去，与经营计划、预算和绩效管理有效打通，形成业绩支撑。

战略三环的关系可以公式化表达为：

$$战略管理 = (战略规划 \times 战略解码 \times 战略执行)^{领导力}$$

三环连乘，意味着其中任何一环没有做好，整个战略管理的效果都会归零；如果每一环都做得很优秀，就会给整个战略管理带来乘数效应。领导力作为指数幂，表明其在战略管理全过程起到极大的倍增与倍减作用。缺乏领导力的战略管理会让战略管理陷入平庸的"1"甚至倒退。

三环各由三个关键步骤构成，按这九个步骤依次运行，如果每个步骤都能取得相应成果，就可以处理好战略管理中的核心问题，初步建立起具有缜密逻辑支撑而又务实高效的企业战略管理系统。这三个模块环环相扣，形成一个倒"8"字，正好是数学里面表示"无穷大"的符号"∞"。战略规划与战略执行就像自行车的两个轮子，而战略解码就是其中的传动齿轮。这三个轮子周而复始，持续传动，就可以让自行车保持速度并不停前进。坚持使用这个战略三环方法论来管理战略，在每个战略周期内进行反复的审视、更新，就可以帮助企业找到无限增长的空间，打破成长的瓶颈。坚持用这套战略三环方法论来训练企业关键人员，就能让更多企业成员理解战略、参与战略并共同赢得企业的无限增长。

当然，任何方法论都有局限性。对于发展单一业务或尚未进行不相关多元化的中小企业而言，战略三环已经足以让它们有效地管理企业战略；对于已经具有多个产业板块的多元化企业集团而言，战略三环可以有效地帮助它们梳理与管理各个产业板块的战略。至于产业组合管理、协同管理、产融结合、创造生态价值系统等这些更为复杂的战略管理，则需要转向其他战略管理方法论。

【导言小结】

企业管理是实践的科学，战略管理更是"来自实践，在总结提炼后要返回实践检验"。因此，没有绝对正确的战略理论，对企业尤其是中小企业而言，更重要的是选择与自己的发展阶段和层次相匹配的战略方法论，沉淀组织的战略管理能力。战略三环，即战略规划、战略解码与战略执行，配合了方法、工具、流程，形成了战略的全过程高效管理。

第一模块

将商业机会转变为战略规划

第 3 章

赛道选择：洞察市场与客户

> 战略的第一要素是明白谁是你的客户，第二要素是明确你能为他们创造什么价值，第三要素是明白如何传递价值。
>
> ——马云

"选择比努力更重要。"战略首先就是选择，是取舍之道。在企业初创期，创始人选择做什么生意，进入哪一个市场，即在回答"我是谁"的战略定位问题。这个选择基本上就决定了在未来相当长的时间内个人和企业的成长空间以及潜在价值。

在移动互联网发展之前的年代，信息没有那么发达，很多创始人在决定开始做一家企业的时候，要么为了谋生而选择做一个生意，要么凭"嗅觉"发现什么赚钱就做什么，鲜有在对各种商业机会进行系统分析调研、评估市场空间及潜力之后再开创公司的。类似马云那样，在西湖边做导游时通过与美国游客聊天了解互联网，然后就敏锐地进行信息收集，接着义无反顾地抛下手头所有全力进入这个新兴领域的人，实属少数。时过境迁，现在对初创型企业而言，在商业寡头林立、各种商业细分领域都已经竞争激烈的局势下，如果没有选择好未来的赛道，能够存活和做大的概率微乎其微。对于已经颇具规模的企业而言，对主业所在的市场领域，如果不能敏锐地掌握客户需求的变化趋势和市场动态，就很难采取有效的措施来确保市场占有率的上升，或者对现有业务进行细分、剥离乃至关闭；对于新兴市场领域，如果不能准确判断未来潜力空间，就很难把握时机进入，企业的转型升级也就输在了起点上。

从大的商业机会来说，中国改革开放以来，有两个超级大市场给不少企业提供了时代机遇：房地产，这个2019年商品房销售近16万亿元并高速成长的大行业成就了碧桂园、恒大、万科这样营收4000亿元上下的巨头；移动互联网，这个价值10万亿元级的高速成长行业成就了BAT⊖、TMD⊜。从全球范围来看，人工智能、新能源、生命科学这些方兴未艾的市场，未来必将提供巨大的商业机会。

当然，没有进入超级大赛道并不意味着企业缺乏成长的空间。企业创始人和高管必须保有敬畏之心，把客户与市场洞察的功课做到极致，才能从起点保证战略成功的可能。

市场的分析，要求回答以下五个基本问题：

（1）市场的总容量有多大？

（2）市场的成长性如何？

（3）市场的基本特征有哪些？

（4）市场的关键成功要素包括什么？

（5）市场的发展趋势如何？

市场的总容量

市场既可以指区域市场，也可以指某个产业，或者特指某些客户群

⊖ BAT，中国三大互联网公司百度、阿里巴巴、腾讯的简称。
⊜ TMD，中国三大互联网企业今日头条、美团、滴滴的简称。

体的总需求。市场总容量通常是指市场的全年销售总额。市场总容量决定了赛道的选择，因为选择了哪个市场，就意味着企业在哪个领域参与了比赛，并和哪些对手进行竞争。市场总容量，也就是赛道的宽度，意味着企业成长将面临多高的天花板。之前听过一些企业家的说法："我这个行业市场容量比较小，但是我做到行业领先也还是可以的。"这个说法现在来看未必站得住脚。如果有可能，企业还是要争取不断进入更大的市场，这样才能从长远上具备生存与发展的空间。原因有二：第一，因为客户需求的变化或者科技的进步，某些市场有可能快速萎缩乃至消失，如寻呼机（BP机）、光学相机、传统的刷卡机、感光胶卷、摩托车……这类的例子数不胜数；第二，当下某些企业巨头已经开始各种跨界竞争，完全可能渗透到一些细分领域，挟资本和流量等优势从大市场打到小市场，面对这种降维打击，原有的细分市场领先企业根本守不住，比如在互联网巨头杀入影视制作领域后，光线传媒、华谊兄弟等原来的行业领先者的市场份额被迅速抢走，业绩下滑，最终只能被迫采取和BAT战略合作的方式以保住生存命脉。

大的市场不但给企业提供了不断规模成长的机会，而且它还有可能不断变大，给企业提供最理想的持续成长空间。制定战略时，忽视规模的重要性而把自己定位在"小而美"或者"精品店"是非常危险的。从全球范围看，只有极少数的细分市场能让市场参与者在不追求业务规模变大的情况下存活下去。比如创新药领域，只要发现了针对肿瘤疾病的某个重要靶点，并研发出有效的药物，受到专利的保护，就能让一个小的企业组织拥有长达十年的生存机会，之后该企业如果能持续创新开发原研药，其生命曲线就可以不断延伸。这种情况主要出现在某些知识高度密集、受到专利保护、企业核心竞争力体现在特定人才能力（尤其是创意）的行业，如管理咨询、广告创意、影视编剧等。以麦肯锡为例，历经90多年，它在全球管理咨询领域已经是"一哥"，但是一直无法登上《财富》500强的榜单。管理咨询是企业服务的细分，而战略咨询又是管理咨询的细分，由于对高素质顾问的高度依赖，顶级战略咨询公司的营业额只能在百亿美元之内徘徊，相对于培训、财会审计、猎头招聘等其他企业服务属于比较小的细分领域，更不用说相对于金融服务、医药、零售、能源、互联网等这些超级大市场了。所以，德勤重新进行了战略定位，原来的会计师事务所不再满足于在会计及审计领域竞争，瞄准的是更大的全球企业服务市场，积极通过并购的方式把自己打造成企业服务的超级平台，获得了不断快速增长的空间。

身处小规模市场，即使已经是这个池塘里最大的鱼，成长性也天然具有很低的天花板，是资本不青睐的。企业长期缺乏增长，长期来看，人工、能源等成本要素的价格是上涨的，这就意味着盈利空间被压缩。同时，优秀的人才不甘心留在一个没有成长性的企业里，因此人才也会流失。做企业如逆水行舟，不进则退。从长远来看，缺乏专利的保护、不具备成本转嫁能力、得不到资本的助力，这样的"小而美"就是无法持续生存的伪命题，面对残酷的竞争想要独善其身就过于理想化了。打一个比方，一家做牛肉面的多年老店，配方独特，口感上乘，追求品质，拥有一批高忠诚度的顾客，那么老板是否就可以安安心心守着这个店做下去了呢？当然不可以。首先，他要面对同一条街上不断开张的品牌连锁餐馆的竞争；其次，他要面对逐年上涨的店铺租金、食材采购价格以及几个伙计的工资与社保；最后，最令他头痛的是，当美团这样的巨头来跟他谈合作时，他要么接受 26% 以上的高额分成，导致利润降低甚至无钱可赚，要么就要面对美团动用流量来扶持街对面的竞争者，从而被打压的挑战。在这种情况下，有良心的老板如果要坚守品质，不去干偷工减料的事情，就会发现生意根本无法为继。这就是香港这些年众多百年老店相继倒闭关张背后的原因。

分享一个"不断寻求更大市场空间"的真实案例。

国内某家上市公司之前的主营业务是小型发动机。1990～2010年，因为国内的环保政策宽松，各种小三轮、小型农用车对廉价发动机的需求一度井喷，企业迎来了黄金发展阶段。效益好到什么程度呢？企业所在城市2/3家庭的收入或多或少源自这个企业。但是，随着环保标准升级和排放监管趋于严格，这个当年百亿元级的市场迅速萎缩，而该企业一直满足于在市场中占据10%的领先份额，没有及时采取措施，未通过技术升级和新产品开发去拓宽市场边界。直至2015年，企业开始从侥幸心理中醒悟过来，发现传统市场的萎缩已经不可挽回，就急着想进入千亿元级的农机市场，以找到10倍以上的成长空间。然而，传统发动机业务节节下滑、库存高企带来的经营亏损和现金流危机，导致企业已经无法为进入新市场进行足够的先期投入，企业只能采取砍掉严重亏损业务、收缩市场、大幅裁员和组织收编整顿等手段来"过冬"。我记忆颇深的一个场景是，当我作为咨询顾问访谈该企业当时的管理团队时，我问其中某事业部的总经理："你们之前预见到市场会快速萎缩了吗？"该总经理回答："只是有些感觉，但是觉得我们作为龙头问题不大。"我继续问："那你能判断你们这块市场有触底的可能性吗？"他犹豫了一会儿，回答说："不知道。"当时我的心就凉了。根据我掌握的情况，企业的这些战略制定者在日子不错的时候，根本没有把时间和精力花在"田间地头"，基本没有认真去了解市场和调研客户需求变化，从而寻求切换到更大市场的可能性，而是每年满足于与经销商的各种关系往来，以及选择性地听取与向上汇报所谓的市场好消息。最遗憾的是，即便企业重金聘请了麦肯锡做进入农机市场的调研，但企业已经错过了进入市场的最佳时机。没有相关的技术和市场储备，在严重亏损和现金流吃紧的情况下，仓促进入新市场，反而交了更多学费。

在市场容量测算上，其实企业并不需要做到麦肯锡式的精准。我的经验是，中国总市场容量够大，很多生意起步面对的就是最低亿元级，只需要进行这是十亿元级、百亿元级、千亿元级还是万亿元级的大级别判断即可。

某家主板上市公司的主营业务为特种车。历经10多年发展，它的防弹运钞车已经做到了中国的行业第一。然而，这个行业的市场容量并不大（见图3-1）。按照2020年的最新行业数据，市场价值大致在10亿元级别。该企业2019年销售约1500辆，占据了30%以上的市场份额，长期处于市场第一的位置，但是营业额一直徘徊在3亿多元，增长已经面临瓶颈。雪上加霜的是，随着电子支付的兴起和流行，防弹运钞车的市场需求在逐步下滑，企业将面临"池塘变小"的危机。在这种情况下，即便仍然是池塘里最大的鱼，又有什么意义呢？

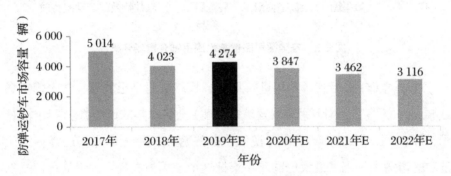

图3-1 防弹运钞车市场容量预测分析

为此，该企业积极应对，在认真调研评估之后，开发特种车新技术和新产品，进入公安、应急管理、电信运营商等其他领域。尤其是应急管理市场，市场容量在百亿元级以上。这样就等于把企业未来的成长空间拓宽了10倍以上，企业从一个逐渐变小的空间里勇敢地跳了出来。

再举另一个典型案例。

创业板上市公司SL是通过电脑图形图像（computer graphics，CG）技术在建筑效果图、企业数字营销、城市展览展示、游戏软件特效等领域为企业提供数字视觉产品与服务的集团型企业。公司早期通过给房地产企业和建筑设计院提供效果图这一单一业务起家。公司董事长在这个领域沉浸多年，把几个大城市里规模都不大的同行整合起来，迅速成了业内的龙头企业，并在创业板上市。但是，这个行业的市场容量并不大（见图 3-2），为了能够给公司找到未来持续增长的空间，我们在战略规划的过程中就把寻找新市场作为重中之重。

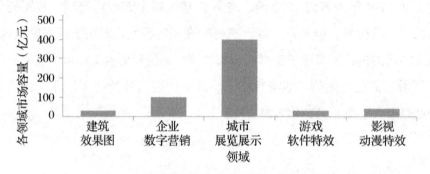

图 3-2　电脑图形图像技术应用细分市场分析

通过对 CG 应用的各市场进行扫描，战略管理小组发现，在中国市场上 SL 公司起家的设计可视化（建筑效果图）业务每年的市场需求不到 20 亿元，而 SL 公司 2016 年设计可视化业务的营收接近 1 亿元，已经在这个分散的市场上占据了最大份额。如果把这个市场当成公司的主战场，虽然能保持行业龙头位置，但是未来的天花板是清晰可见的。对于游戏、动漫等细分领域而言，行业容量本身并不大，CG 应用在其中作为一项技术服务能占到的份额就更有限了，并不能成为未来企业发展的主赛道。最有吸引力的是企业数字营销和城市展览展示这两个领域。中国的众多企业快速成长，并借助数字技术进行营销推广，这项业务也随之形成了一个年销售额达百亿元以上的市场，其中房地产企业在销售案场、楼盘数字化展示、企业形象推广等方面的需求又占据了大部分比例。在中国城镇化率持续提升的过程中，城市规划馆、高新园区展览馆等城市展览展示的需求也快速增加，包含场馆设计、施工在内的年度市场规模已经达到 400 亿元。由此初步判断，通过"掌握 CG 技术"这一核心能力，SL 公司可以不断延展市场空间，从建筑效果图这个市场容量几十亿元的"池塘"游进企业数字营销、城市展览展示等百亿元级的"大江大河"，找寻到不断增长的市场空间，不断提高生意的天花板。

值得关注的是，很多所谓成熟型企业在市场空间上都存在着通过重新定义市场来发掘潜力的可能性。拉姆·查兰在《持续增长》⊖一书中分享了 20 世纪 80 年代早期郭思达重塑可口可乐的故事。在面对所有高级经理人时，郭思达说："我上任两个星期，发现我们的经理人分为两大阵营——一个阵营充满骄傲和自豪，另一个阵营则满是悲观和失望。这两大阵营建立在一个共同的基础上，我们的市场占有率全球第一，达到了 35.9%。但是我要告诉各位这个数字是错的。"台下的高管都傻眼了。可口可乐每年聘请专业公司尼尔森做市场分析，每年的统计数据业内认为都是精准的。为什么新来的董事长会说这是错的呢？

郭思达说："一个人平均一天要消耗 64 盎司⊜的水，在这 64 盎司的水里，可口可乐只占 2 盎司，也就是 3.13%。我们不要再认为我们的市场在沃尔玛的货架上、在路边的杂货店里，我们的市场在消费者的肚子里。我们要用'肚子份额'的概念替代我们传统的市场份额的概念。"

郭思达重新定义了可口可乐的市场。这一市场的巨大空间远远超过任何人的想象，可口可乐被无可限量的前景唤醒。

小结一下，俗话说"男怕入错行，女怕嫁错郎"，企业也一样。选择企业所在的市场，就是选择企业未来的可能性。创业的优选是足够大的市场领域（也就是足够宽的赛道），规模型企业则要通过不断进入更大的市场或者重新定义市场来找到更大的成长可能，这就是战略研究与决策的首要步骤。

⊖ 本书中文版机械工业出版社已出版。

⊜ 1 盎司约为 29.57 毫升。

市场的成长性

评估市场的成长性最常用的指标是年均复合增长率（compound annual growth rate，CAGR）。投资圈的人都深知，复利是威力无穷的。CAGR 就是在评估某个市场空间的成长复利。一个广为人知的例子是，如果某市场的总容量每年增长 10%，按照复合增长率来计算，7 年后这个市场的总容量即可翻倍。对相当多的行业市场而言，5 年的 CAGR 达到 20% 就已经可以被称为快速发展的市场了。在表 3-1 中，我列举了中国几个行业在过去若干年的成长性，供读者参考。

表 3-1　根据公开数据整理的若干行业 CAGR

行业	时间（年）	CAGR（%）
房地产	1994～2014	25.70
家电	2010～2015	2.30
国际工程承包	1995～2015	23.00
单抗药物	1997～2015	37.20
汽车	2005～2015	19.30
快递	2007～2015	29.90
电商	2006～2016	43.13
服装配饰	2006～2016	8.42
安防	2008～2017	17.00
旅游	2015～2019	14.30
餐饮	2015～2019	11.00
外卖	2017～2019	121.00
宠物	2009～2019	38.94
游戏	2009～2019	26.30
医疗服务	2014～2020	24.00
电动汽车	2015～2025	35.00

从表 3-1 中可以看出，行业之间会有成长性的差异，而且每个行业都会经历启动后集中快速发展的阶段。新经济、新能源等冠以"新"的行业，在行业初期会有很高的 CAGR，这个高成长性持续的 3～5 年间，足

以让很多企业快速成长为行业霸主。比如在 2006～2016 年电商行业的黄金 10 年里，市场相继出现了阿里、京东、苏宁易购等巨头；在外卖行业快速崛起的过去 5 年里，美团抓住了这个黄金窗口期，迅速成长为行业垄断者。"吃甘蔗就要吃最甜的一段"，准确地把握行业的高成长期间，是企业战略规划的重要一环。

需要注意的是，对某些细分市场而言，市场高度不确定性与高波动性会让 CAGR 失去意义。这时我们更需要深刻理解市场不同发展阶段的特性和风险，从而不至于单纯押宝在"成长性"这一个判断指标上。比如在生物医药行业，一款原研药的上市需要经过 10 年的研发与临床验证，当某款药刚上市时，市场环境可能已经较当初战略分析时发生了极大变化。新药在上市初期可能需要相当长的时间进行各种推广，某些病症治疗需求会在其间产生极大的波动，之后才可能迎来市场的爆发，但是也可能因为监管政策变化或者替代疗法产生而面临市场突然不复存在的风险。所以在这种情况下过多借助 CAGR 来衡量市场成长性是有风险的。

当战略管理小组收集了各种市场调研数据，发现 SL 公司所面对的各种 CG 应用领域中，以建筑效果图为核心的设计可视化业务已经呈现增长放缓的趋势；游戏与影视方面虽然已经有多年 CG 应用历史，但是仍然保持着 10% 以上的 CAGR；企业数字营销与城市展览展示则处于快速发展阶段，2019～2023 年 CAGR 的预测值高达 22%～23%，符合快速增长市场的定义（见表 3-2）。

表 3-2　根据公开数据整理的 CG 市场成长性预测

CG 应用领域	2019～2023 年 CAGR
建筑效果图	5.00%
企业数字营销	23.00%
城市展览展示	22.00%
游戏软件特效	11.00%
影视动漫特效	15.00%

市场容量加上成长性这两个指标，让 SL 公司战略管理小组在新市场空间选择上有了更加清晰的判断。

市场的基本特征

一个市场可能有很多不同的特点，但是战略决策者需要重点把握好市场供需结构、发展阶段、集中度三个方面。

供需结构，也可以用 B2B（企业对企业）、B2C（企业对消费者）、B2G（企业对政府）、C2M（消费者对制造商）等这些商业模式的说法来理解。企业服务市场与面对消费者（尤其是直接面对终端消费者）的零售市场有天壤之别。企业服务市场，首先要考虑的是客户的购买模式。中大型企业采购产品和服务与政府采购类似，越来越多地采取招标方式，并会进行严格的供应商管理。为了进入某些目标大客户的供应商名单，企业需要耗费大量时间和精力，从产品概念、打样、质检、小试、中试到正式批量生产和按质量标准交付。进入的门槛还包括林林总总的资质要求。千万不要认为小企业客户就会放低要求，容易对付。在采购过程中，每一笔订单对小企业都很重要，所以有可能采购过程（特别是价格谈判过程）反而更耗时耗力。因此，在进入企业服务市场的初期，一个更具效率的战略考虑是：集中资源，瞄准行业的标杆客户，想方设法成为其供应商，形成品牌效应和"滚雪球效应"，而不是分散资源去寻求众多小企业客户。在这个过程中，对于企业的市场开拓功能，需要从战略上考虑强化投标管理、关系营销和大客户营销等重要的相关能力。此外，企业或政府客户的订单又有定制化与通用化的区分、批次多少的区分、批量大小的区分。我的一个公司客户生产多批次小批量专用印刷电路板产品，虽然可以获得更高的毛利率，但是会给柔性生产和供应链管理带来巨大的压力，而且产能受限，意味着其市值很难与做通用型规模化产品的同行看齐。不管怎样，这些订单对于质量和交期都有严格的规定。最具挑战的是,企业客户往往对主要的供应商有长期降低成本的期望和合作条件。这些都要融入市场供需结构的分析。

对于消费者市场,最重要的战略考虑是获客的渠道、消费者体验与品牌。消费者的购买不会像企业客户那样专业和复杂,存在跟风、冲动消费、关注价格、容易受品牌影响等特征。在科技发达和主力消费者趋向年轻化的今天,进入消费者市场意味着一开始就要线上线下融合(online merging offline, OMO),而不再像以前那样只专注于线上或者线下。初创型企业更要深刻思考的是,在各种巨头把持了流量和用户的今天,想在消费者市场快速崛起,更考验的是精准进行客户群定位和打造爆款产品的能力。在一款产品成功之后,随之而来的是选择"是否站队融入巨头生态圈"的战略思考。

大量的实例说明,每个市场都具有生命周期,通常可以划分为导入期、启动期、成长期、爆发期、波动期、成熟期、衰退期等这几个明显的阶段。企业创始人和高管的战略功课之一,就是随时理解企业所在市场处于哪个阶段,并根据该阶段的竞争格局来做出相应的战略决策。导入期的战略挑战是,冲在一个新兴市场的最前面,极有可能"先驱"变成了"先烈"。原因是市场需求还没有放量,市场参与者还不多,导致产业链不成熟和成本高企,企业可能需要投入很多资源去培育市场和教育客户,这时对于亏损和现金流的压力必须要有充分的准备。一直冲在前面,高举高打,力图保持市场领先,是要求企业具有相应的实力的,否则极有可能在市场真正启动的时候,自己倒下了,反而让后进入者摘了果子。

我长期担任科沃斯机器人与人工智能领域"创业X加速营"的导师,至今已经有五期了。参加这个加速营的很多都是A轮融资前后的初创型企业。在它们这个阶段,把握好一个市场是否真正存在是一切的关键。创业初期,企业创始人对于市场的认知可能是模糊的。等到团队把产品做出来了，企业才发现原先定义的市场并不存在，或者过早进入了一个初步发育中的市场，而自己根本无力承受教育新市场的巨大投入。比如，一个团队发明了一款高度智能化的电动履带式轮椅，可以帮助失能人士轻松上下各种阶梯。照理说，这样的产品从技术上看很不错，他们可以憧憬产品能迅速引爆市场。然而，当他们进入各种想象中的市场去摸底的时候，才发现这款产品的初期成本过高，导致售价必须在 1.5 万元以上才能有利润。这样的售价立刻把市场变成了一个极小的高端市场。国内城市中的中产家庭消费者面对 500 元的常规轮椅和这款高端轮椅时，基本不会因为某些功能而选择高消费。另外，这种产品被定义为医疗器械类和保健类产品，主流销售渠道是各种区域销售代理。对于初创型企业而言，独立构建一个销售网络是不现实的，而走销售代理渠道的话，由于销量极为有限而基本没有人会愿意合作。没有足够的规模，又没有办法在各种部件和材料上实现成本下降，就这样，在快速经历了产品研发成功的兴奋、憧憬到失落与失望之后，面对企业每天都在减少的现金和生存危机，团队在半年之后终于决定放弃这款产品，改为向更成熟的履带式物流机器人方向去尝试。

再分享一个案例：某个处于垃圾回收智能柜领域的创业企业，因为看好垃圾分类的环保市场机会，快速开发产品并进行城市扩张，"跑马圈地"。然而，作为垃圾回收智能柜的领军者，在这个新的市场里，既要投入大量的资金生产产品，又要在运营方面投入巨资。由于产业链不成熟，运营初期一个智能柜的制造成本高达 2 万元。由于各小区的住户对这种新鲜事物并不"感冒"，企业还需要支付比正常垃圾回收更高的回收价格来培养住户的使用习惯。因此，企业创始人很快发现，烧钱的速度远远超过了他的预计，只能通过不断的股权融资找到资本加持，希望能熬到"用户数量足够大，产品快速迭代带来成本快速下降，营业收入增加快于运营成本增加，从而实现现金流回正"的时期。不幸的是，其间这家企业因为创始人原有的互联网金融业务崩盘，导致资金链断裂，后续只能通过股权结构调整和债务重整、大幅砍掉产品投放和运营成本的方式来维持，希望能撑到垃圾智能回收处理行业进入快速发展期之时。

所有人都希望自己的企业处在快速发展的市场阶段，并能充分享受成长性的红利。然而，更挑战企业决策者战略智慧的是，在面临行业波动时，做出"保持或退出"（stay or go）的决定。很多行业的经验证明，市场出现剧烈波动时，往往就是行业内出现洗牌、大规模兼并重组、富余产能被挤出时。这时，具有竞争力的企业需要保持战略的定力，才能在市场恢复稳定成长时占据更大的市场份额。过去10年，光伏、风电、P2P等行业都出现了快速的发展和行业震荡。以光伏为例，在2008年行业高峰期，我国一度涌现出几千家光伏企业，但是随着补贴政策和原材料价格调整，很多只能进行简单硅片生产或光伏产品组装销售的企业，不具备核心技术或者规模优势，迅速倒闭关停。真正掌握了核心技术或者具有雄厚资金实力支撑的企业，熬过了最困难的时期。之后，行业玩家大幅减少，过剩产能出清，竞争相对良性化，市场在2019年再度迎来了春天。

市场集中度相对容易理解。多数新兴市场都会呈现出碎片化、市场份额分散的状态，意味着格局未定，市场参与者都有迅速成长为领导者的机会。类似我国房地产那样，10年过后行业百强才占据整个市场近20%的份额，龙头企业做到1000亿元也才拥有1%的市场份额的行业基本上是极少的。需要留意的是，在当下和未来的商业环境下，商业机会减少，巨头横行，资本活跃，任何新兴的非集中性市场都在用更快的速度经历"参与者蜂拥而至，竞争爆发，行业洗牌，并购频繁发生，集中度快速上升，出现寡头"这一过程。过去5年，在网约车、外卖、短视频、无人驾驶、新零售等新经济领域，这一现象愈演愈烈，最有代表性的当属共享单车。2014～2015年，以ofo、摩拜为代表的第一批共享单车企业成立，之后在"共享经济"的所谓风口，资本疯狂涌入，各种带有明显颜色标识的共享单车如雨后春笋一样涌现，甚至曾经有玩笑说"颜色都不够用了"。

2017 年高峰时期，全国出现了 70 多家共享单车企业，累计投放车辆超过 1600 万辆，注册用户超过 1.3 亿人。然后，随着经营效益恶化和资本迅速退潮，2017 年年末，已经有 30 多家共享单车企业倒闭，较有规模的企业仅剩 7 家。到了 2019 年，随着摩拜被美团收购，ofo 出现发展困局，哈啰单车崛起，整个行业出现了大洗牌。在接近 300 亿元的整个市场蛋糕里，哈啰单车、摩拜与 ofo 三家就占据了 90% 以上的份额，而哈啰单车一家的市场份额就接近整个市场的一半。这个新市场，在不到 5 年的时间里就迅速出现了高度集中甚至是寡头分割的态势。

市场的关键成功要素

市场的关键成功要素（key success factor，KSF）是指一门生意取得成功的关键所在。战略制定者的思维特征之一，是通过纷繁复杂的现象看透本质和要害。因此，对于任何市场而言，战略制定者都应该花足够的时间和精力，来研究这个市场里我这门生意要做到极致的最关键所在。网约车开始出现时，如果像大多数人理解的就是多了一家互联网出租车公司，那么战略制定者就会按照互联网加出租车的模式去把握其关键成功要素和投入资源。然而事实证明，"滴滴的本质是一家算法公司"。其目标在于用高科技的算法来匹配供需并整合出行的资源。因此，以大数据、人工智能为代表的科技才是其关键成功要素，而不是停留在获客、补贴这些互联网公司的常规手段上。我列举若干市场的关键成功要素供大家参考：管理咨询（人才管理、品牌、客户关系管理）、公募基金（资本金、投研能力）、传统商业银行（核心资本充足率、风险管理、产品、客户管理）、房地产（融资、精准投资、产品与服务）、服装（设计、品牌、渠道）、商业连锁（品牌、供应链管理）、医药（研发、推广）……

明确一个市场的关键成功要素，能让战略制定一开始就牢牢抓住努力的方向并做好优先级管理，这是企业后续进行竞争分析、目标管理和资源配置的重要前提。罗伯特·M.格兰特在《现代战略分析》一书中提供了企业关键成功要素的推导，如图3-3所示。

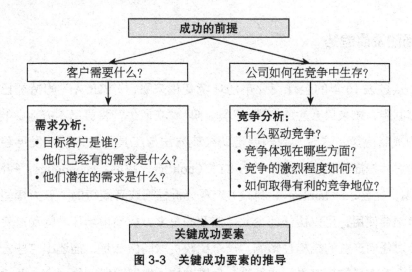

图 3-3 关键成功要素的推导

另一个寻找关键成功要素的方法是"价值驱动分解"法或者"价值树"法，从行业的投资资本回报率这一指标出发，找到关键的成功要素。比如零售行业的投资资本回报率可以分解为"利润/销售额"与"销售额/投资资本"这两大指标的乘法关系。其中，"利润/销售额"的提高又源于优化商品规划、控制存货避免断货、最大化购买能力以降低采购成本这三个方面。"销售额/投资资本"的提高则要考虑：地段、商品组合、客户服务、质量带来综合平效提升；数据管理、供应商管理和交货时长影响存货周转；外包和租赁可以减少资本消耗。这些指标能帮助企业战略制定者明确行业内长期回报的关键所在，锁定自身企业要重点关注的要素。

对于某些经验不足的战略制定者而言，鉴于在一个特定市场里有太多的关键之处，他们可能有选择困难症。但是，如果成功要素太多，也就无法谈"关键"，无法实现"集中精力、抓住20%的事项产生80%的成果"

的效应。我的经验之谈是，在罗列出所有的成功要素之后，逼着自己只保留不超过三条，才能明确最终的关键成功要素。毕竟，战略就是取舍的过程。

市场的发展趋势

从过去10年的全球商业市场环境变化来看，"VUCA"的特征已经不容回避，未来只会愈演愈烈。"黑天鹅""灰犀牛"将层出不穷地影响企业的战略决策。这时，我们要借助经典方法与工具，对市场的发展趋势不断进行扫描与预测，比如"PEST"（politics，政治；economics，经济；social，社会；technology，科技）宏观分析框架或者波特的"五力模型"，两者结合使用，足以让任何企业从宏观的角度分析出市场环境的动态变化以及对任何产业的结构性影响。一个比较可取的做法是，描述出这些宏观因素会对市场的总容量、成长性、供需结构、发展阶段、集中度、关键成功要素分别产生什么样的影响，从而调整这些战略制定的重要输入参数。这个不断定期重复的过程会帮助战略制定者对市场产生真正的洞察，并对市场进行实时的把握。同时，这也是对赛道进行动态评估、筛选与调整的基础要求。

图3-4为某房地产集团使用的战略宏观环境分析框架。在"PEST"宏观分析框架的基础上，将人口与产业单列出来，更适合当下中国房地产行业的战略分析需要，因为人口净流入、产业结构与成熟度已经成为房地产企业研判行业发展趋势以及进行区域城市布局必不可少的分析指标。所以，每个行业都可以灵活地根据行业特性和阶段性需要，列出宏观环境要素来研究机遇和挑战。

从某个角度来说，理解客户相对于理解市场会让企业战略制定者少一些焦虑。因为，在大多数情况下，理解一个市场的全貌和动态变化，既要求企业有发达的信息收集和研究能力，还考验了战略制定者理解宏观的个人素养。和客户打交道，对于很多企业创始人和高管而言，是相对容易做到的，只要保持对客户的重视并愿意花时间和客户交往即可。但是，高质量的客户理解，即对客户现有需求和潜在需求都能深刻把握并推导出应对之道，才能称为洞察。

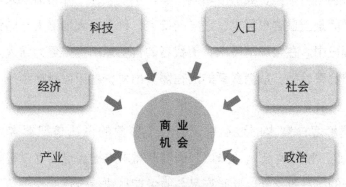

图 3-4　某房地产集团的战略宏观环境分析框架

客户理解的首要工作是力求精准地对客户画像。对于企业客户（B 端客户）而言，企业要深入了解其行业地位、规模与效益、采购模式和偏好。更深层次的客户理解是"理解客户的客户"。我过去的经验是，当我们愿意花额外的精力去研究我们的目标客户因其自身客户需求驱使而采购什么样的产品与服务时，我们能更精准地把握目标客户需求的变化，也才有机会挖掘他们的潜在需求，从而将商业机会从目标客户的"点"扩展到类似客户群的"线"，再到整个细分市场的"面"。

对于消费者客户（C 端客户），企业需要理解的客户画像特征包括：①年龄、性别、职业背景；②社会阶层（高端、主流、小众、边缘化）；③消费习惯与支付能力。消费者客户需求理解的传统方法是抽样调研。现在，完全可以借助互联网技术，通过网页端、手机端使用各种在线资源，比如微信小程序、SaaS 问卷调研工具、公开大数据分享等方式，进行更快捷和更低成本的客户研究。我个人比较推崇的是超越工具的"与客户一起研发"这一理念。目前，我国的手机厂商乃至房地产公司都已经开始借鉴大众甲壳虫汽车的做法，即在产品概念阶段，就组织目标客户群体参与到产品开发的细节中来，甚至邀请客户全程参与产品开发与交付过程，从而精准把控了客户需求并提供了良好的客户体验。这里，需要提醒战略制定者，特别是大中型企业的战略制定者，不要轻信"乔布斯从来不关心客户需求，而是创造客户需求"这样的传言，过于自大地陷入一厢情愿的产品开发假设中。在全球范围内，消费者的自主意识变得更为强大。企业只要能把握消费趋势，从消费者的潜在需求出发，就可以寻找到一个巨大的市场。

在理解客户需求的过程中，有一个形象的说法是把握客户的"痛点""痒点"和"爽点"。"痛点"即现有需求未被满足，客户有太多对产品和服务的不满意之处，此时产品与服务存在快速迭代、改进乃至被替换的可能性。"痒点"是客户觉得产品与服务存在吸引力，但是还不够好。"爽点"是产品与服务让客户体验非常棒、感觉愉悦，甚至愿意自发进行推荐。以共享单车为例，抛开其过度依靠资本疯狂扩张、押金模式无法持续等弊端，这一产品在诞生之时是击中了目标客户群城市上班一族的需求"痛点"的：公交车与地铁到目的地之间2公里左右的距离缺乏有效的交通方式来满足需求。共享单车产品迭代至今，也满足了很多客户需求的"痒点"：快速解锁与支付，免除押金。随着庞大用户群的积累与稳定，这一产品持续下去，极有可能产生很多客户需求的"爽点"，比如单车出行与其他公共交通方式的无缝对接服务，骑车过程中大数据推送健康数据，其他相关商业消费优惠等。

让我们回到SL公司的案例，来看看这家公司的战略管理小组如何分析细分市场与客户特点。

以建筑效果图为核心的设计可视化业务作为公司的发家之本，肩负着创造主要业务收入和利润的任务。该业务能够在过去 10 年支撑起公司的营业规模与盈利，根本上是受惠于中国房地产市场的高速发展。每个建筑设计院都有自己长期合作的工作室或公司，它们通过 CG 软件提供效果图服务。每张图的价格在 1500～2000 元，而每个房地产项目需要几十到百来张不等的效果图。经过 CG 软件学习与训练后，学历为中专和大专的人员也可以熟练出图，满足了质量要求不高的客户的需求。这是个门槛低且极为分散的市场，每个城市里都活跃着几百家甚至上千家可以提供效果图服务的中小企业。上规模的建筑效果图企业需要大量的熟练员工，拼的是出图的效率与质量。有业内人士曾经开玩笑说"这也是个劳动密集型行业"。效果图公司面对一个城市里为数不多的建筑设计院，经过激烈的竞争之后，根据价格与质量的适配关系往往会形成比较稳定的合作关系。设计师的需求痛点主要集中在：出图的质量稳定性、时效性、项目管理能力和服务响应程度。随着新软件和技术的应用，建筑设计院也会要求效果图公司能够与时俱进，在渲染、模型、多维技术甚至建筑设计信息管理 BIM（building information modelling，建筑信息模型）方面带来新的效果。效果图公司面对的挑战在于：人工成本快速上升，而客户端的价格保持稳定，甚至还会因为某些竞争而压低。随着房地产行业成长逐渐到顶，建筑效果图的业务成长性逐渐放缓。

　　SL 公司要面对的新细分领域"企业数字营销"和"城市展览展示"则具有完全不一样的市场特性。

　　企业数字营销和设计可视化一样是"对企业"（2B）业务，面对企业的营销、品牌或行政部门，其需求比较混杂，可以是企业内部会议尤其是年会，也可以是企业形象展示、产品或服务展示，采购价格一般在几十万元。房地产企业的数字营销需求则集中在楼盘数字化展示上。相对于效果图的静态效果而言，数字营销则更多要求动态效果或者静态与动态效果兼有，这就考验了供应商整合 CG 技术和视频制作、音效甚至光电等多种效果的能力和活动策划与执行能力。业内人士戏称，"一次复合型的数字化营销，可以说是一台小型春晚"。由于企业的营销活动长期与广告公司、营销策划公司合作，像 SL 公司这样以 CG 技术起家的公司，往往需要跟广告公司与营销策划公司合作，把它们当成客户。当然，未来也需要直接开拓企业客户。这个市场的关键成功要素是"基于客户业务洞察的整合方案能力"。企业既要深刻理解客户的营销需求，比如房地产公司的楼盘定位、户型与配套特点、目标客户的买房诉求、售楼处的效果展示细节安排等，还需要有文案、策划、音频、视觉等多种专业的整合能力。因此，面对营销部门的专业性诉求，会让习惯与建筑设计院打交道的 SL 公司商务部门感受到明显的挑战与压力。

城市展览展示是典型的"对政府"（2G）业务，面对的客户是各个城市的高新园区管委会、地方投资平台公司、城市规划部门等，而最终的采购决策往往需要由分管城市规划的高级官员做出。城市展览展示业务通常体现为一个规划展览馆或博物馆的整体设计、展示、运营和维护的打包项目，由于涉及的采购金额动辄几百万甚至几千万元，因此会采取严格的招标方式。作为一个新兴领域，这个市场的参与者主要是建筑工程公司、建筑设计公司甚至房地产公司。但是鉴于展示效果的核心作用，客户方最希望由 SL 公司这样能融合各种展示特效的企业来承接项目，从而带来参观者视觉、听觉和多维立体的新颖体验。这个市场的关键成功要素是"基于标杆项目的品牌、项目管理能力、策展能力、多专业整合能力"。与建筑效果图面对设计师、企业数字营销面对营销经理人员不一样，城市展览展示面对的客户画像是"对价格不敏感、高素质、高学历、关注项目影响力与政绩的群体"。作为高门槛的新兴领域，国内的城市展览展示领域参与者并不多，也没有龙头企业出现，市场比较分散。SL 公司要面对一个大型项目长达 1～2 年的全过程管理，将带来资金、专业人员、工程管理等方面的新挑战。

SL公司战略管理小组在对市场与客户进行分析的过程中，发现了新的蓝海，找到了可以将企业带到十倍以上成长可能性的更广阔的市场空间，但是也深刻体会到了这些细分市场有着极富差异性的市场特性和客户需求特征。如果要抓住这些新的商业机会，公司将不再是一家以建筑效果图为主营业务的企业，而是"以CG为核心的数字视觉体验方案提供商"。这个新的战略定位决定了企业在后续的竞争格局中如何打造自己的竞争优势，确定自己横跨多个细分市场的战略目标与行动措施。

企业战略制定者在分析市场与客户的过程中，筛选出目标市场与客户群体，其实就是在进行企业的战略定位，从根本上回答了"我是谁"的问题。瞄准了特定的市场与客户，就意味着企业要在开发与提供各种产品和服务方面做出长期努力，不断实现客户价值，从而持续获得增长。这既是企业作为营利性组织的初心，也是企业战略规划的起点。

对于一些颇具规模的企业，持续地进行市场与客户的分析和选择，就是实现战略升级或转型的重要内容。企业在某些特定市场发展到一定程度后，并不能停留在做好主营业务上，而是基于两个原因必须寻找新的业务、进入新的市场和面对新的客户需求，这是迟早的事。这两个原因是：第一，主营业务市场开始下滑与萎缩，进入生命周期的中后阶段；第二，企业在该市场已经做到了市场份额最大，而"三分天下"的竞争格局短期内无法改变，继续增长已经遇到了瓶颈。所以，企业战略制定者要未雨绸缪，在谋求企业业务第一曲线持续增长的同时，必须要及时通过市场、客户及竞争分析，打造企业战略发展的第二曲线和第三曲线（见图3-5）。

寻找和发展第二曲线、第三曲线是非常不容易和令人纠结的事情，因为新业务的产生，意味着第一曲线必须产出足够的效益来进行输血和投入。企业在新老业务之间进行资源配置，既要保证企业整体上不出现业绩大幅下滑和现金流断裂，还要确保新业务能迅速发展。新业务往往意味着企业原有的各种优势都不复存在，面临"人、财、物"各种要素的重建。在某些阶段，新老业务之间不但不能产生协同效应，甚至会在内部产生资源抢夺和文化冲突。对于处于平稳发展阶段的企业而言，一个值得参考的经验是"721"原则，供企业战略制定者参考：70%的资源投入主营业务持续发展，20%的资源投入新兴战略性业务，10%的资源去做更新业务的探索。

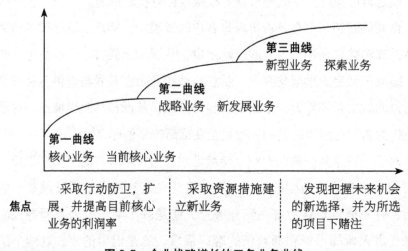

图 3-5　企业战略增长的三条业务曲线

最近有一个消费品牌"全棉时代"在零售市场上凭借各种优质纯棉产品获得广泛好评，年销售额达几十亿元，连续三年在天猫"双十一"母婴类目保持第一。企业创始人李建全先生曾经在医用敷料行业打拼20年，他创办的稳健医疗公司稳居行业第一。然而，李先生在原有业务取得成功时，已经积极地思考如何打造企业成长的第二曲线，因为医用敷料行业作为专业细分市场容量不到百亿元，这个市场里的第一名很快就会发现其成长空间有限。李先生敏锐地发现，20年主营业务经验积累的棉料的原料与产品开发工艺等优势，完全可以应用在更大的市场上——家用纯棉消费市场。在消费升级以及消费者环保意识加强的浪潮下，家用纯棉制品尤其是母婴用纯棉制品，正在迎来快速发展的庞大需求，完全适合成为企业发展的第二曲线。李先生在 54 岁时毅然决然地开启了第二曲线。他从企业的营收中腾出一定的资源创立"全棉时代"，并在后续几年持续保持对新业务的输血和投入。全棉时代在创业的过程中，经历了一个痛苦的过程："2B"到"2C"的转型、电商的突围、技术的突破、品牌的推广。在发展的 10 年间，全棉时代从靠稳健医疗公司的输血，到业务比重快速上升，再到成为新的主营业务板块，很好地诠释了一个企业通过市场选择打造第二曲线的转型升级典范。

第4章

打造竞争优势

> 永远不要以为只有你发现了独特的商机。在隔壁的写字楼里,说不定早已经有比你更有资源、更有雄心、更勤奋的人正在瞄准同样的机会,等着跟你开战。
>
> ——佚名

如果通过对客户与市场的分析和洞察寻找到了商机,那么战略制定者一定不能沾沾自喜。这个商机是不是真正适合自己企业的赛道,还得看赛道上有多拥挤,什么样的对手在和自己竞争,自己能否在难度远远超过达喀尔拉力赛的永续商业竞赛中保持生存和成长。

我经常提醒企业创始人和高管,当你刚找到一个蓝海市场或者正处于蓝海市场时,一定要马上思考三个问题:"谁在和我抢蛋糕""大家都在怎样抢蛋糕""我凭什么能吃到最大的蛋糕"。对这三个问题的重视程度与反应状态,深层次地揭示了企业创始人和高管的危机感和斗志。对中小企业而言,尤其不能心存侥幸,认为市场蛋糕够大,或者自己找到的蛋糕是别人想不到的。我国的商业竞争态势已经从激烈竞争演变成了过度竞争。就在我写本书期间,就爆出了一起恶意设局举报竞争对手的事件。社交应用软件独角兽公司 Soul 的合伙人，授意下属在竞争对手平台发布涉黄违规内容，然后截图向监管部门举报，导致对方 App 被下架处理三个月，对方公司增长几乎停滞，业务受到严重影响。虽然事情败露后该合伙人被逮捕，但是业内人士反映"这只是互联网企业恶意竞争的冰山一角"。在快速消费品的销售终端、在房地产行业的销售案场与二手房门店、在保险机构与通信运营商的外展场合，这些都是恶意竞争频发甚至发生人身伤害事件的典型场景。在非垄断性领域，天然持有资本优势的国有企业正在积极进击，而民营企业更是像狼群一样四处厮杀。在各种红利逐渐消失、宏观经济下滑和国内生产总值增速进入"保6"甚至"保5"的时代，任何一点商业机会都会被迅速围猎和瓜分。

举一个例子，5 年前，中国商业航天领域还是一片空白，以火箭与卫星为代表的航天领域被牢牢掌握在体制内的大型军工企业集团手里。在政策松动之后，以蓝箭航天、零壹空间、国星宇航为代表的第一批民营商业航天公司相继成立，并快速地开始进行产品研发及融资。在 2 年不到的时间里，这样一个高精尖的领域就已经涌现出近百家初创公司，在液态动力运载火箭上天、商业卫星设计与制造、卫星测控与通信等领域进行商业运营。图 4-1 是科技创新服务公司亿欧组织的"2019 商业航天 30 强"榜单[⊖]。

与其他商业领域不同的是，这样一个特殊的赛道，出于政策、关键技术、原料供应、资本等因素，只能允许几家公司迅速成长壮大并瓜分份额，而不可能出现众多中小选手长期存在、不断有创业公司加入的局面。因此，最早进入这个领域的公司如果持有"我找到了蓝海，这个蛋糕我是独一份"的心态，必然会被迅速冒出来的竞争对手打个措手不及，丧失难得的先发优势；不能快速实现产品与服务迭代，就无法进行持续融资，面对竞争对手抢夺用户订单、资本与人才，再先发的公司也很快会陷

⊖ 张赓，李思文，李星宏，由天宇. 2019 中国商业航天产业研究报告 [R]. 亿欧智库，2019:17.

入“钱烧完、人走掉”的没落境地。过去 5 年，类似乐视、ofo、聚美优品、暴风、迅雷、熊猫直播等大量企业的失败案例已经充分说明，时过境迁，现在的企业在竞争中更加凸显出不进则退的状态，根本没有什么喘息与横盘整理的机会。

亿欧 | 亿欧 & 未来宇航：2019 商业航天 30 强

序号	商业航天 30 强	公司简称
1	上海埃依斯航天科技有限公司	埃依斯航天
2	长光卫星技术有限公司	长光卫星
3	福州达华智能科技股份有限公司	达华智能
4	北京国电高科科技有限公司	国电高科
5	成都国星宇航科技有限公司	国星宇航
6	北京航天测控技术有限公司	航天测控
7	北京航天宏图信息技术股份有限公司	航天宏图
8	航天行云科技有限公司	航天行云
9	北京航天驭星科技有限公司	航天驭星
10	西安寰宇卫星测控与数据应用有限公司	寰宇卫星
11	武汉珈和科技有限公司	珈和科技
12	精航伟泰测控仪器（北京）有限公司	精航伟泰
13	九州云箭（北京）空间科技有限公司	九州云箭
14	航天科工火箭技术有限公司	科工火箭
15	北京灵动飞天动力科技有限公司	灵动飞天
16	蓝箭航天空间科技股份有限公司	蓝箭航天
17	湖南斯北图科技有限公司	斯北图
18	陕西天润科技股份有限公司	天润科技
19	长沙天仪空间科技研究院有限公司	天仪研究院
20	北京微纳星空科技有限公司	微纳星空
21	鑫精合激光科技发展（北京）有限公司	鑫精合
22	星河动力（北京）空间科技有限公司	星河动力
23	北京星际荣耀空间科技有限公司	星际荣耀
24	北京星途探索科技有限公司	星途探索
25	银河航天（北京）通信技术有限公司	银河航天
26	北京宇航推进科技有限公司	宇航推进
27	北京宇航智科科技有限公司	宇航智科
28	珠海欧比特宇航科技股份有限公司	珠海欧比特
29	西安中科天塔科技股份有限公司	中科天塔
30	中科亿海微电子科技（苏州）有限公司	中科亿海微

资料来源：据报名资料公开评选（按简称首字母排序，排名不分先后）

图 4-1　亿欧 2019 年商业航天 30 强榜单

竞争格局分析

在竞争格局的分析上，比较简单的是使用三梯队划分法。纵轴代表市场份额，横轴代表成长性或竞争力，我们把业内的主要竞争者都放入三梯队里。处于第一梯队意味着企业既有最大的规模，又因有独特的优势而保持快速成长。处于第二梯队最为关键，意味着企业如果发展战略选择得当，后续有机会在行业发展的黄金窗口期，挤进第一梯队享受行业红利；但是如果战略失误，则会在竞争中沦入下一梯队，变得岌岌可危。第三梯队的企业只有两个残酷的选择：一是想方设法寻找强大对手的软肋和忽视之处猛烈进攻以求得不断快速上升，主要靠的是"差异化"和"聚焦"的战略思路；二是主动寻求与巨头联盟，甚至加入其生态，以换得企业组织的生存和持续发展。

就刚才提到的商业火箭公司而言，由于绝大多数公司还没有实现营业收入，这时可以用融资额代表拥有关键资本要素的纵轴，再用代表核心竞争力的技术实力作为横轴，将这些公司划分为三个梯队。从图4-2中可以清晰地看到具体企业的竞争位置及各梯队之间的差距。

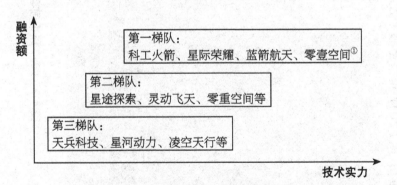

图 4-2　商业火箭公司竞争梯队分析

① 榜单中的企业和真实的行业玩家无法准确对应，所以出现了零壹空间这样没有出现在榜单上但是的确属于第一梯队的公司。

图4-3是科尔尼咨询公司在对中国零售业态做分析时，仅按照销售额划分的超市大卖场连锁梯队格局。㊀

㊀ 贺晓青，司玉洁. 新零售第三年：零售业的格局和生态 [R]. 芝加哥：科尔尼中国竞争力研究院，2019:3.

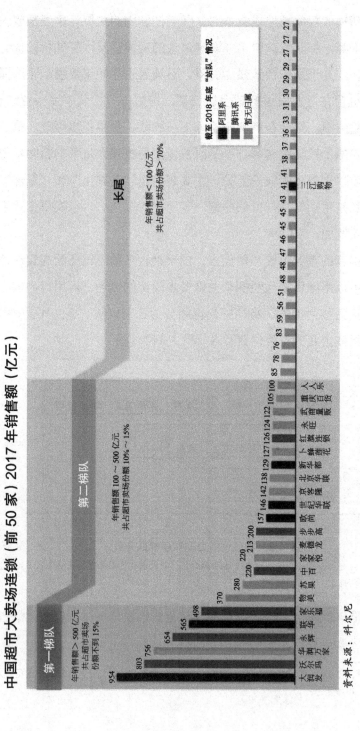

图 4-3 2017 年中国零售企业竞争梯队分析

行业竞争态势的宏观分析，还可以采用波特的五力模型（见图4-4）。过去50年，苹果公司一直高度认可这个模型并将其应用在公司的战略上：减少流失到供应商、买方和替代产品的利润份额，减少为威慑进入者而牺牲的利润份额。为此，苹果在全球构建了最复杂的供应链，将所有的零件尽可能拆解后外包给多个长期供应商。这样既能保守商业机密，又能削弱供应商的议价能力。苹果这种量级的企业制定的战略往往站在产业的顶端来影响和改变产业结构。波特五力模型在今天的独特价值就是，揭示了大量跨界竞争的产生。这也必须纳入战略制定者的分析思路。在过去3年我们频繁地发现，大量案例说明"颠覆了这个行业的，居然不是来自这个行业的"。限于篇幅，五力模型的内容和应用这里就不具体展开，有兴趣的读者可以阅读迈克尔·波特的《竞争战略》。

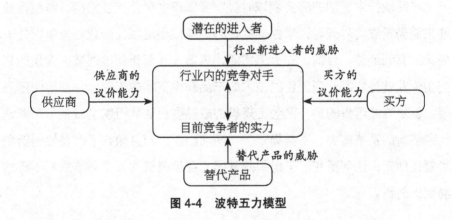

图4-4 波特五力模型

企业竞争力分析

企业从竞争格局具体到本身的竞争力分析，需要回答以下几个问题：自身的资源禀赋是什么？可比对手是谁？相对于他们，我们的优势和短板分别是什么？

企业在竞争中具有的资源禀赋通常包括：创始人或股东资源、独占性资源、(自然资源、人际关系、牌照与特许条件、地理位置)、创新能力、生态圈中的独特位置、经验与技能。

举一个例子，我的一个校友在 8 年前创办了一家消费金融公司。消费金融进行牌照管理，而牌照是稀缺的。我的校友在无法获取牌照的情况下，采取了间接的方式——通过与某家商业银行深度合作，类似于把自己变成该银行的消费金融部门，换来了业务的正式开展与扩张。几年过去，企业已经成了消费金融领域的前三。然而，由于牌照的问题，企业在竞争中遭遇了各种问题，并受到竞争对手的各种挑战与质疑，最终在行业监管进行大整顿的情况下，不得不进行大规模缩编，企业发展一度陷入了停滞和困难。

在各种资源禀赋中，最重要的必然是创新能力，尤其是当企业处于一个产品或技术驱动的商业领域时。在我国正在优化产业结构、科技行业迎来蓬勃发展的春天时，掌握某种核心的科技便足以让企业在竞争中处于先天的有利地位。目前，在人工智能、机器人、创新药等领域，大量的初创型企业就是依靠一项创新的技术或产品获得资本的青睐，并开始快速发展。但最难能可贵的是，某些上规模的成熟型企业从组织上具备了不断迭代和创新的系统能力，不再局限于一两项创新，而且兼容了改良性创新和颠覆性创新，让创新变成了组织的基因，在价值链的各个环节里都不断地涌现出创新。

选对竞争对手

关于竞争对手的选择，也很有讲究。

有敬畏之心的企业战略制定者，一定会认为选择标杆是有意义的，因为标杆给了自己赶超的具体之处和进步空间。企业如果一开始就认为没有标杆，那它要么有夜郎自大式的狂妄，要么有故步自封的封闭式思维。

在 2010 年之前，万科选定了美国的四大房地产公司作为标杆，并从投资、产品、运营管理等各方面进行对标管理和追赶。在 5 年之后，万科发现自己的营业规模已经超越了美国四大房地产公司，但是万科仍然坚持在企业各个方面都选择全球最优秀的公司进行学习和对标，相继进行了对标日本房地产公司的建筑工程管理优化、对标全球最优秀建筑设计师事务所的产品开发，甚至跨界学习丰田等汽车公司的质量管理，这才让自己保持了郁亮强调的"均好"，并为以后的无边界成长打下了良好的基础。

对于中小企业而言，选对了可比竞争对手，才能让自己清醒地看到差距并进行可实现的追赶。选了过于强大的竞争对手，会让自己在追赶过程中无法逐渐缩小差距以增强信心，反而会不断削弱信心；选了过于弱小的竞争对手，则会让自己活在舒适区里，实际上是自娱自乐，时间长了反而彻底沦为行业末流。

我曾经带领所辅导的企业管理团队去戈壁徒步。团队成员们从 3.5 天 150 公里的艰苦徒步比赛中悟出一个道理，它和马拉松爱好者的心得一致：在比赛中，一开始应该把适度超前的参与者选定为主要对手，紧跟对手并不断超越，这个过程才能发挥自己的能量，不断取得超越的成就感和增强信心，并最终向最强者冲击。

打造企业核心竞争优势

在企业发展的长期过程中，一个永恒不变的问题是：企业的核心竞争优势是什么？

有时要准确回答这个问题并不容易，即便是创立时间很长的企业，在管理团队方面也会对此有不同意见。虽然大量的企业战略管理理论都认为企业的核心竞争优势体现在"成本、效率、创新、客户亲密"这几个大的范畴，但在企业的实践中，管理团队往往会觉得这些内容过于宽泛和笼统，需要寻找到更为具体的抓手。以下四个标准能让团队清醒认识到核心竞争优势的内涵，并形成共识。

（1）价值性：能很好地实现客户所看重的价值。

（2）稀缺性：必须稀缺，只有少数企业拥有。

（3）不可替代性：在为客户创造价值的过程中具有不可替代的作用。

（4）难以模仿性：企业特有的，并且竞争对手难以模仿。

打造核心竞争优势是企业战略制定的出发点。这需要企业盘点本身资源，综合分析这些资源整合而成的企业组织能力与行业关键成功要素之间的关系，通过战略的制定来锁定核心竞争优势并不断加以强化。换句话说，企业拥有的所有资源为企业基于价值链的业务活动形成特定组织能力提供了基础，但是形成组织能力并不意味着企业就此获得了竞争优势。只有抓住行业关键成功要素，通过企业战略管理，企业才能将这些组织能力有效转化为竞争优势。企业一旦形成了竞争优势，就会成为战略管理的强大基础，推动企业在新阶段的战略发展。图4-5清晰体现了这个逻辑。

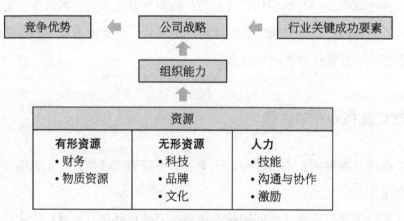

图4-5　如何形成核心竞争优势

资料来源：罗伯特 M 格兰特.现代战略分析[M].艾文卫，译.北京：中国人民大学出版社，2016.

举例来说，华为做通信设备起家，早期只有2B的运营商业务，但是华为一直保持将营收的 10% ～ 15% 投入在研发上。在通信领域的长期沉淀与研发投入，使其在通信技术研发方面具备了强大的组织能力。在其判断是否能进入 2C 的手机市场时，企业内外部有很多质疑的声音。手机虽然是消费电子产品，但是移动通信终端这个行业最重要的成功要素是"基于 4G/5G 等移动通信技术的产品创新"，华为认为这才是以后打造核心竞争优势的根本。因此，面对行业竞争已经非常激烈，苹果、三星等企业在全球具有先发优势的格局下，华为毅然决然杀入手机市场。2004 年，华为第一款手机上市；2019 年，华为已经发展成为全球第二大手机厂商，取得了巨大的成功。同样是我国优秀企业代表的格力，也在成为空调行业龙头之后尝试做了手机业务，认为凭借自己在 2C 的家电行业经验进入 3C 之一的手机市场应该可以迅速成功。但是格力长期形成的组织能力是在"空调产品的技术与制造"方面，对于"通信技术"这一手机行业关键成功要素则是门外汉。因此，虽然格力在手机上做了不少投入，董明珠也不遗余力地代言和推广，但长期处于可被市场忽略不计的尴尬状态。

提到竞争的相对优势和短板，大家耳熟能详的工具是 SWOT 分析模型（见图 4-6）。这个工具简单好用。其中的机会（opportunity）与威胁（threat）主要是针对企业外部因素而言，已经用在前面的宏观市场分析部分。优势（strength）和劣势（weakness）主要用于企业与可比竞争对手的相对关系分析，因此需要在明确了可比竞争对手后运用。否则，企业在分析中会出现对很多现象的判断无所适从、似是而非。比如，某些企业管理团队在讨论客户满意度时，会有人认为这是自己企业的优势，而另外的人则认为这是自己企业的劣势。于是双方各持己见，争论不休。出现这种情况主要是因为以下三个前提没有讲清楚。

（1）数字化。对客户满意度的评测，是否有客观的调研数据？如果大家都是碎片化地收集了一些反映，而不是基于长期稳定的测评工具来进行数据化分析，那就可能是以偏概全，甚至是停留在主观感受上的自我陶醉。

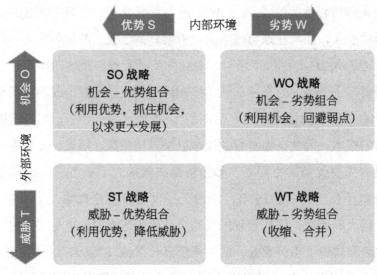

图 4-6　SWOT 分析模型

（2）横比。客户满意度的高低，是相对于哪些竞争对手而言的？如果行业平均的满意度是 80/100，调研得出自身企业的得分为 85，那么只是跑赢了行业平均水平。但是如果企业认为自己处于第一梯队，可比竞争对手是行业前五，那么相对这个群体的 95/100，客户满意度就变成了短板和亟须改进之处。

（3）纵比。相比过去，企业今年的客户满意度到底是变好了、停滞不前，还是出现了倒退？高质量的 SWOT 分析并不在于内容涵盖得多么全面，而在于抓住了关键和要害，逼着企业战略制定者用极为冷静与客观的心态做出基于事实的描述。

明确了 SWOT 之后，在这四个字母代表的内涵之间进行组合，就是企业在特定环境下对竞争的逻辑反应，可以说已经是战略的初步思考。SO 组合：利用优势去抓住最大的机会。ST 组合：利用优势去降低威胁。WO 组合：利用机会回避弱点。WT 组合：面对威胁收缩或关闭劣势业务。

对于拥有多个业务的公司而言，在进行竞争格局与 SWOT 分析时，最好从业务板块入手，然后再进行汇总的企业整体分析。我们以 SL 公司的实战案例来进行说明。

针对 SL 公司的设计可视化业务，在竞争格局分析后得到的判断是：从销售规模、城市公司数量、日均出图数等几个指标来看，SL 公司在国内属于头部企业，稳居第一梯队的前列。第二梯队的企业数量众多，但是距离第一梯队差距明显。因此，公司在这块业务上应该重点关注离自己最近的几个竞争对手，同时开始把眼光放在全球的可比企业身上进行对标管理。

在图 4-7 中的 SWOT 分析的基础上，设计可视化业务的最佳战略选择是 SO 组合：利用上市公司的融资能力尝试收购，利用品牌和规模优势快速进行区域扩张；利用成本优势进军海外市场，提高产品与服务的标准。这并不意味着公司会对已经发现的短板置之不理，而是更加强调"在行业即将迎来洗牌的窗口期提高产能与市场份额，确保龙头位置"这一战略方向。

至于企业数字营销业务，SL 公司从行业熟悉度的角度分析，首先选择聚焦在房地产市场，这意味着面对的是更杂乱和分散的竞争格局。除了同样以 CG 技术起家的几个竞争对手，众多广告公司、营销策划公司、房地产销售代理公司和一些科技服务公司都是现实的竞争对手，群雄并起，很难定义出明显的第一梯队公司。

从图 4-8 中的 SWOT 分析中可以看出，数字营销业务急需的是 WO 组合。针对性地面对具有行业影响力的大客户（尤其是房地产企业）是 SL 公司快速形成品牌效应的关键，这就强调了要深入客户的业务中去，成为客户公司营销部门的战略伙伴。进一步来说，吸引熟悉几个大行业（特别是房地产行业）的营销人才加入团队，强化团队基于客户业务认知的设计与交付能力，将是 SL 公司竞争优势的重要体现。

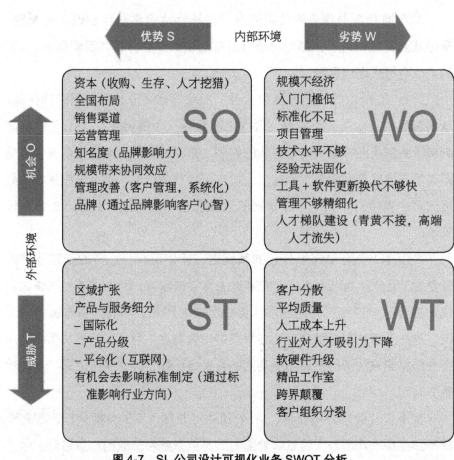

图 4-7 SL 公司设计可视化业务 SWOT 分析

SL 公司对城市展览展示业务寄予厚望，因为这个市场有更大的空间，单个项目就可以带来足够丰厚的营业额和利润。然而，在进行竞争格局分析（见图 4-9）后，公司战略管理小组会更冷静地看到机会后面的巨大挑战。

首先，部分先期进入这个市场的公司已经形成了第一梯队，包括风语筑、华凯等公司。它们具有一些全国性的标杆项目，营业额明显更高，综合实力比较强。SL 公司大致处于第二梯队前列，距离第一梯队还有一些差距。这个行业的底端有很多广告公司、建筑设计与工程公司、展览公司等开始进入，但是主要竞争集中在第一和第二梯队。SL 公司面对的战略

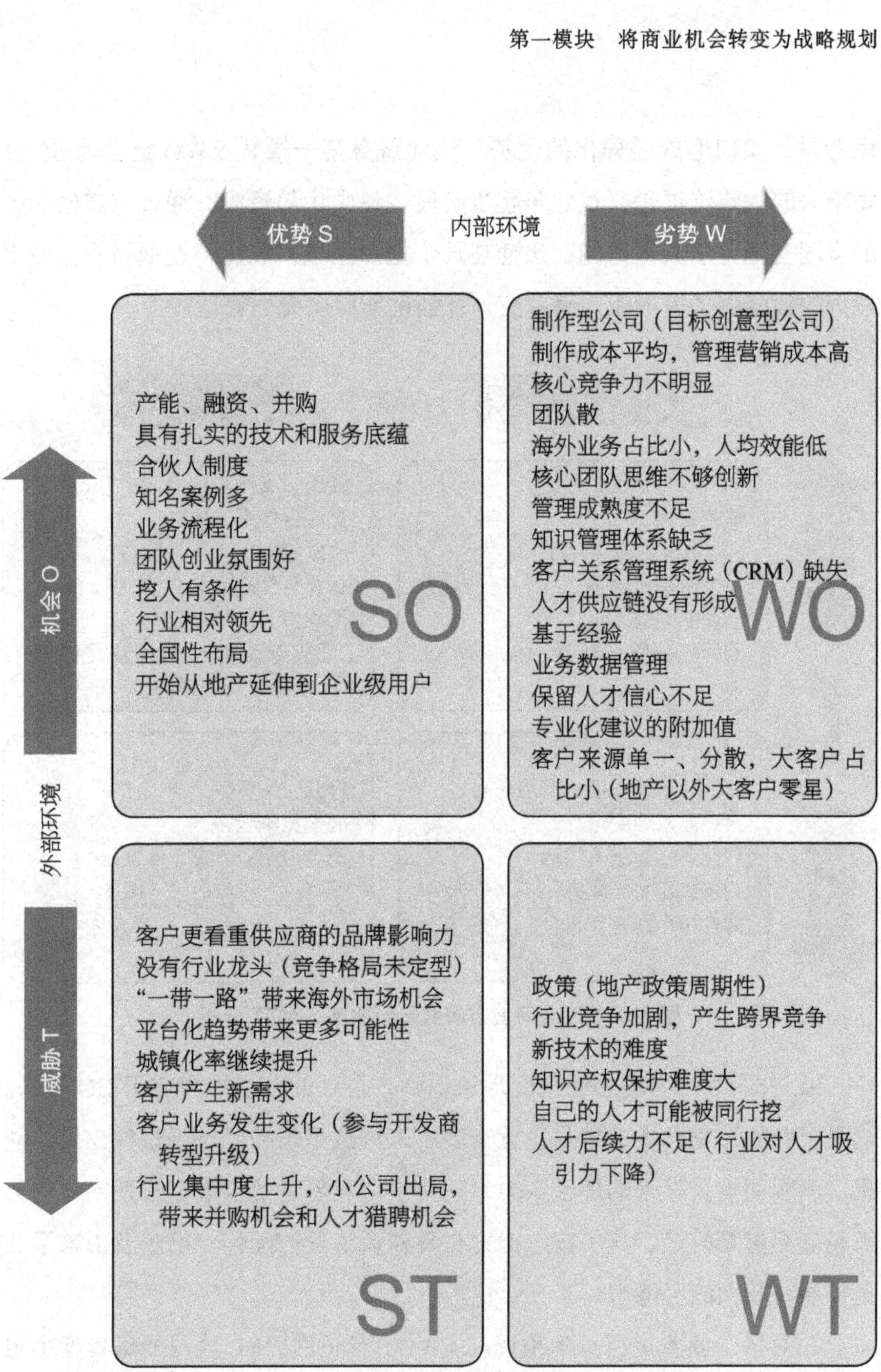

内部环境

优势 S

SO
- 产能、融资、并购
- 具有扎实的技术和服务底蕴
- 合伙人制度
- 知名案例多
- 业务流程化
- 团队创业氛围好
- 挖人有条件
- 行业相对领先
- 全国性布局
- 开始从地产延伸到企业级用户

劣势 W

WO
- 制作型公司（目标创意型公司）
- 制作成本平均，管理营销成本高
- 核心竞争力不明显
- 团队散
- 海外业务占比小，人均效能低
- 核心团队思维不够创新
- 管理成熟度不足
- 知识管理体系缺乏
- 客户关系管理系统（CRM）缺失
- 人才供应链没有形成
- 基于经验
- 业务数据管理
- 保留人才信心不足
- 专业化建议的附加值
- 客户来源单一、分散，大客户占比小（地产以外大客户零星）

外部环境

机会 O

威胁 T

ST
- 客户更看重供应商的品牌影响力
- 没有行业龙头（竞争格局未定型）
- "一带一路"带来海外市场机会
- 平台化趋势带来更多可能性
- 城镇化率继续提升
- 客户产生新需求
- 客户业务发生变化（参与开发商转型升级）
- 行业集中度上升，小公司出局，带来并购机会和人才猎聘机会

WT
- 政策（地产政策周期性）
- 行业竞争加剧，产生跨界竞争
- 新技术的难度
- 知识产权保护难度大
- 自己的人才可能被同行挖
- 人才后续力不足（行业对人才吸引力下降）

图 4-8　SL 公司企业数字营销业务 SWOT 分析

思考是，如何形成差异化的优势，快速跻身第一梯队。WO组合为SL公司带来的战略选项是：在业务起步阶段，集中优势资源，通过与其他业务的全国各地分子公司协同，迅速在几个重点区域扩展标杆性项目，在城市规划的政商圈子里形成口碑效应，并强化项目全流程管理能力。

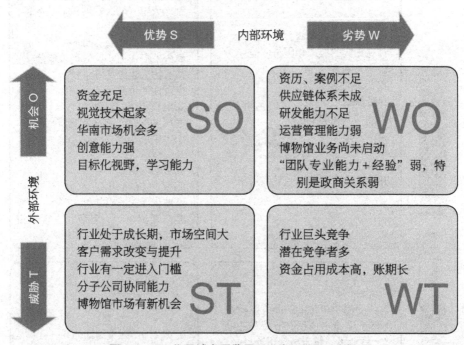

图 4-9　SL 公司城市展览展示业务 SWOT 分析

SL公司战略管理小组清醒地认识到，企业的核心能力在于CG技术。这是企业的起家之本，也是企业十多年来沉淀下来的，基于软件应用、人员、流程而构筑起来的综合实力，任何一个竞争者都很难在短期内模仿与超越。更重要的是，这个核心能力在各种新场景的延伸，给企业带来了业务扩展与壮大的可能。

在对各个业务进行竞争格局与SWOT分析后，SL公司战略管理小组进行了整个企业的竞争优势分析。作为集团化企业，SL公司在图4-10所示的战略环境中，为了抓住商业机会，打造持续的竞争优势，就必须从以下几个关键问题中找到战略的方向。

（1）由 CG 核心能力延伸出来的几个细分市场，如何准确定位并配置资源？

（2）集团如何在各个业务之间建立协同，并强化底层 CG 的技术实力？

（3）在业务战略之上，集团如何利用资本市场进行收购兼并实现外延式增长？

（4）集团如何在战略发展所需的组织、人才、文化等方面提供平台和动力？

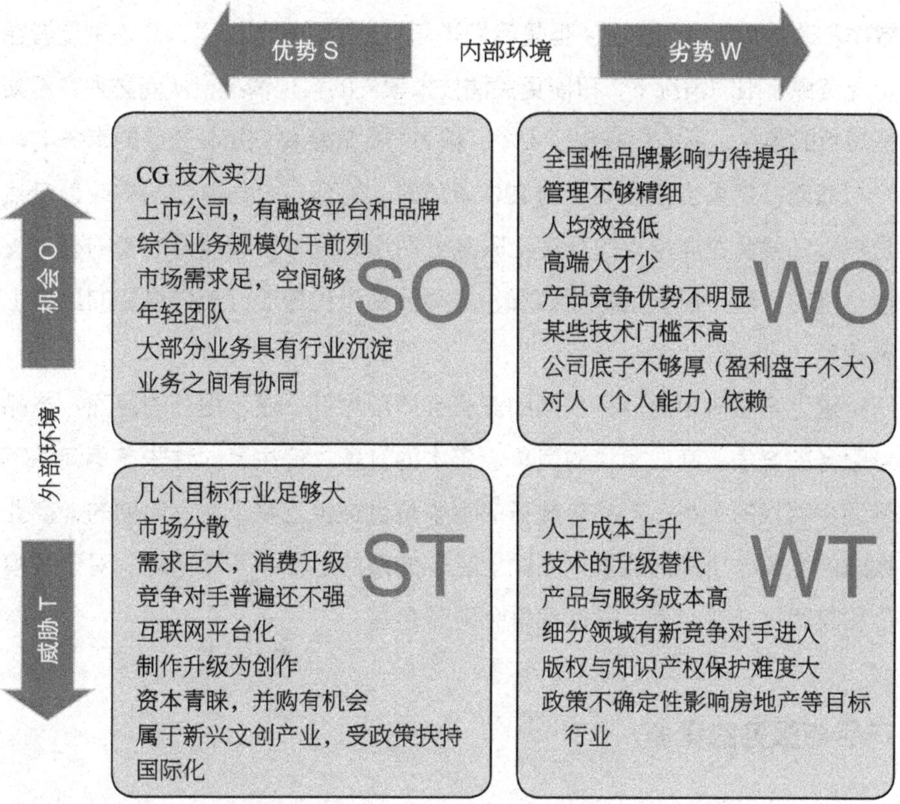

内部环境

← 优势 S　　　　劣势 W →

外部环境

↑ 机会 O

SO
- CG 技术实力
- 上市公司，有融资平台和品牌
- 综合业务规模处于前列
- 市场需求足，空间够
- 年轻团队
- 大部分业务具有行业沉淀
- 业务之间有协同

WO
- 全国性品牌影响力待提升
- 管理不够精细
- 人均效益低
- 高端人才少
- 产品竞争优势不明显
- 某些技术门槛不高
- 公司底子不够厚（盈利盘子不大）
- 对人（个人能力）依赖

↓ 威胁 T

ST
- 几个目标行业足够大
- 市场分散
- 需求巨大，消费升级
- 竞争对手普遍还不强
- 互联网平台化
- 制作升级为创作
- 资本青睐，并购有机会
- 属于新兴文创产业，受政策扶持
- 国际化

WT
- 人工成本上升
- 技术的升级替代
- 产品与服务成本高
- 细分领域有新竞争对手进入
- 版权与知识产权保护难度大
- 政策不确定性影响房地产等目标行业

图 4-10　SL 公司集团 SWOT 分析

需要提醒战略制定者的是，在看待和竞争对手的相对优势及劣势时，通常我们听得最多的是"扬长避短"。但是，在尊重"企业的资源是有限的"这一事实基础上，战略上更为可取的是"扬长比避短更重要"。这就意味着，除非相对竞争的短板已经是木桶里那块"会让整个木桶崩裂"的、短得不能再短的短板，否则应把更多的资源花在扩大竞争优势并把竞争优势发挥到极致上。

举例而言，如果一个生产人形机器人的企业发现自己在其关键的部分——舵机上能自主研发出强于同行的技术，但是在生产效率、财务管理等方面与主要竞争对手相比还有不足，那么它该做什么样的取舍？在理想情况下，企业当然是继续在关键技术上保持投入、保持领先优势，同时提升生产效率和改善财务管理情况。但是我们毕竟不是活在理想国里，战略制定者在企业资源有限的情况下，只能更关注技术领先的实现情况，从而必须容忍某些短板的存在，不能把资金、人才、精力与时间稀释到短板改善的事务上。

然而，如果当企业发展到 IPO 阶段时，融资与公司财务结构改善仍然是短板，就会在非常大的程度上限制公司通过资本市场获得成长的极大支撑。这时，这个短板就不能容忍，必须放到和优势迭代一样重要的层次上来应对。

选定竞争对手之后，长期的竞争会体现为三个逐步提升的层面：产品与服务的竞争、商业模式的竞争、资本的竞争。请注意，这些竞争间并不是逐步替代的关系，产品与服务的竞争是贯穿企业整个生命周期的，商业模式的竞争与资本的竞争只在企业趋向成熟的过程中不断呈现。对于规模化和集团化企业而言，三种竞争会同时存在。

产品与服务的竞争

在产品与服务的竞争方面，"田忌赛马"可能是最古老的战略方法了。

在竞争中对产品、服务和业务要做到知己知彼，才能排兵布阵。这就需要用到包含产品与服务的业务分析矩阵，如波士顿矩阵（见图4-11）。

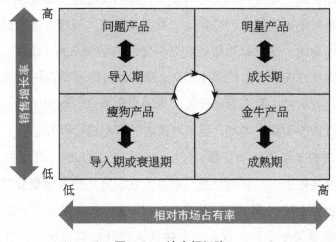

图4-11 波士顿矩阵

在区域、产品、客户、价格等不同的竞争要素中进行组合，就可以创造出不同的竞争手段，表达初步的战略意图。如图4-12所示，以价格作为一个主要维度，区域/产品/客户的分布作为另一个维度，就可以形成四种不同的竞争手段。

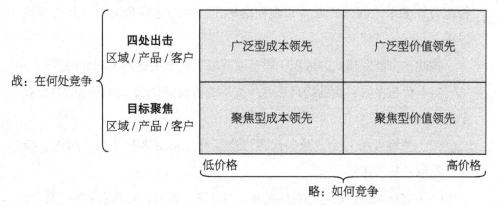

图4-12 "战＋略"矩阵

资料来源：王成．战略罗盘：提升企业的战略洞察力与战略执行力[M]．北京：中信出版社，2014．

商业模式的竞争

在产品与服务高度同质化的情况下,就需要思考从商业模式的角度去寻求和竞争对手更高维度的差异化。到了具备更大规模、本身已经具有资本运作的能力时,企业就需要通过应用复杂的融资工具(债权、股权、夹层)和积极对外投资(尤其是并购)快速获取关键资源以进行竞争。从可以让更多企业创始人及高管掌握与实操的角度考虑,这里再重点介绍一下商业模式打造的步骤与内容,但不对资本的问题进行展开。

在过去的 5 年里,商业模式(business model)这一概念在我国的商业社会一度甚嚣尘上,快速泛滥。很多人在没有完全弄懂商业模式内涵的情况下,就盲目夸大其作用,并把它与战略的关系弄混了。其实,简单来说:战略是关于企业做什么、不做什么以及如何去做的;商业模式则是指用什么样的方式来更好地实现效益(不一定是盈利,也可能是企业内含价值)。我的朋友北京大学汇丰商学院的魏炜教授作为中国研究商业模式的先驱和权威之一,给出了商业模式的定义:商业模式是某个公司跟它的内外部利益相关者形成的一个交易结构。从这个定义来看,商业模式是在企业的战略框架之内,基于客户选择和竞争格局,通过与客户交互的特定方式来形成收入、成本和盈利结构,持续创造现金流和企业价值的过程。

构建一个商业模式的过程,就是回答以下几个关键问题的过程。

(1)价值主张:企业给目标客户提供的价值是什么?解决他们的痛点了吗?

(2)关键业务:企业是如何通过产品与服务给客户提供价值的,模仿、超越还是创新?

(3)交易地位:在与利益相关者(供应商、渠道、合作者)的交易中,企业的地位如何?是否有控制力或不可替代性?

（4）收入与成本结构：收费的方式是什么？影响成本的是哪些因素？最终实现盈利的路径和周期是怎样的？

商业模式案例

简要地分享一个我曾经实际操刀的案例。我在担任某家以小家电代工为主业的民营企业集团公司的常务副总裁时，曾经做过一个战略规划：从小家电代工（original equipment manufacturer，OEM）的低成本竞争、大客户压榨下的低毛利困境中重新选择市场，基于咖啡机制造的长期经验，战略开启一个胶囊咖啡机的项目。

首先，市场是诱人的。咖啡消费市场当时已经是百亿元级别，从日韩的经验来看，未来10年将保持20%以上的CAGR。市场容量够大，而且能够保持快速成长，这就提供了有吸引力的赛道。其次，这个市场的产品供应方式主要是速溶咖啡、基于固定场所和专业咖啡机的咖啡馆以及少部分基于自动咖啡机的零散供应。"消费者能操作咖啡机并获取咖啡"的细分市场基本处于空白。

从价值主张的角度看，面对国内迅速发展的咖啡消费市场，消费者急需一个更简单、更低成本能喝到研磨咖啡的解决方案，而不是只能到咖啡馆里去接受高价的咖啡。过往的自动咖啡机因为咖啡豆和咖啡粉的储藏保鲜问题以及机器本身的复杂结构，导致售价高达万元以上，限制了咖啡的消费场景。这就是现实的痛点。从国外的实践来看，将烘焙后的咖啡豆规模化处理，用特制的胶囊包裹即可长期储藏保鲜，把胶囊放入结构简单的刺破与萃取机具，即可形成一个简易、高效、低成本的获取新鲜咖啡的方案。胶囊咖啡机的售价大致在2000元以下，远低于传统的自动咖啡机。按胶囊饮用方式来计算，单杯美式咖啡的成本为5元以下，远远低于咖啡馆15～25元的主流价格。

因此，我们当时选择了模仿咖啡胶囊领域的标杆奈斯派索⊖（Nespresso）来设计关键业务，利用企业长期的制造优势，开发与制造咖啡胶囊机；通过整合上游咖啡烘焙商，并绕开专利限制，开发自己的咖啡胶囊。

为了形成一个对我们有利的交易结构，我们采取了与国内各区域咖啡经销商合作的方式，快速进入中高端酒店、公共休闲场所、线上等渠道，并通过向各种专业咖啡运营商进行推广的方式来打开和抢占市场。在整个交易结构中，我们深入研究了"吉列刀片"和奈斯派索的案例，明确了咖啡胶囊才是整个模式的核心与盈利关键，因此大胆尝试了胶囊机无偿赠送、胶囊机以成本价供应等手段，把主要精力投入胶囊的开发与供应链的形成上，这样才能牢牢控制整个交易链条并加快新市场开发的速度。

当时，在企业的年度测算中，营业收入的50%来自咖啡胶囊机，另外50%来自咖啡胶囊及商业合作，毛利的90%来自咖啡胶囊。在业务开展的1~2年内，随着量产和工艺提升，咖啡胶囊机和咖啡胶囊的成本会快速下降；随着产品价格从推广期的消费者习惯养成价格转为正常价格，毛利率会迅速上升到60%，整个业务有望在2年后开始盈利。

遗憾的是，在我离开该企业后，企业停止了推进这个项目。值得欣喜的是，后面从其他企业迅速跟进、纷纷进入这一领域的实践来看，基本验证了我们当初的战略设想和商业模式设计。

值得警醒的是，一些企业的商业模式并非建立在客户价值与市场规律之上，而是过度依靠资本甚至是靠不正当手段来支撑的，这其实是"伪模式"。比如曾经在18个月内扩张门店2200家、海外IPO的瑞幸咖啡，就在我写本书期间爆出丑闻。2019年第二至第四季度，瑞幸咖啡伪造了22亿元的交易额，这个"运营数据造假"的丑闻让其迅速陷入破产的危机。所谓的"瑞幸闪电战"的创新模式，实质上是靠资本做局，依靠疯狂补贴

⊖ 奈斯派索，瑞士雀巢公司旗下的一个子品牌，成立于1986年，总部位于瑞士，提供胶囊咖啡、胶囊咖啡机、咖啡配件等多种产品。

与烧钱扩张、伪造数据快速上市来套现。这种急功近利和商业欺诈的方式，并不能成为真正的商业模式。另外，在商业模式设计的过程中，来自法律（如税法）、政策、技术的影响决定了商业模式是否成立。比如，某些初创公司在商业模式设计的过程中，发现税务的复杂操作导致发票难以获取，或者发现经过验证后产品成本过高而有效需求不足，从而导致业务中止，最后只能重新设计商业模式。所以，商业模式不需要为创新而创新。符合战略选择、为客户提供价值、能从交易结构中长期获取利益的模式就是好模式。

第 5 章

制定阶段性战略目标

> 人生就像射箭,梦想就像靶子。如果连箭靶子也找不到的话,你每天拉弓有什么意义?
> ——电影《银河补习班》台词

目标的制定既是技术,又是艺术。在对市场与客户、竞争都进行了一定周期的充分分析之后,战略制定者需要明确一个阶段性的目标。通常而言,对我国企业来说,比较符合实际的是制定 3～5 年的中长期目标以及次年的年度目标。目标并不仅仅是定量目标、定性目标,更重要的是一定的状态,也就是企业在 3～5 年后变成什么样子,进入什么样的整体态势。

在进行 3～5 年企业战略目标的思考时,对于度过了初创期、业务步入正轨的规模企业而言,借用"战略地图"的逻辑框架来寻找战略目标与战略驱动要素之间的关系,并锁定关键指标和目标,不失为一个高效的方法。

战略地图

战略地图的发明者认为,"战略描述了组织如何为股东、客户、员工和社会创造价值"。对企业而言,"员工的学习与成长"推动"企业内部运营管理与创新",从而实现"客户的价值定位",并最终实现企业的财务目标和股东价值。因此,企业可以从财务、客户、内部运营、学习与成长这四大维度去思考和寻找需要改变与提升之处,作为中长期战略目标。

以图 5-1 为例,某家百强房地产企业通过四个维度逐步驱动的关系,发现影响自身盈利性的最大薄弱环节在"资产周转",而促进周转的底层是"精准拿地"与"项目运营"(特别是项目前期管理)。该企业的净利润率在行业中已经明显低于百强的平均水平,因此企业领导者考虑在未来 3～5 年中将净利润作为最重要的财务目标来对待,并且明确了与之配套的一系列内部的成长指标与目标。

当然,需要提醒很多中小企业的战略制定者,战略地图更强调了"企业长期价值创造"这一宽泛的出发点,所以要从四大维度去"平衡地构建企业发展目标体系"。这并不一定适用于正处于野蛮生长期的初创企业或者面临快速发展与变革的企业。它们在特定发展阶段无法强调"面面俱到"和"平衡成长",只能趁着行业格局未定集中对某些关键环节"猛烈开火"甚至是"全部押进"(all in),把未来的商业机会转变为自己的发展目标。

目标与指标的关系

在目标的制定过程中,不少管理者其实没有严格区分目标和指标,这会导致目标沟通与表述出现混乱。指标是衡量方式,目标是具体内容。比如,销售收入是衡量企业创造收入的指标,但是作为目标它可以每年都不一样。

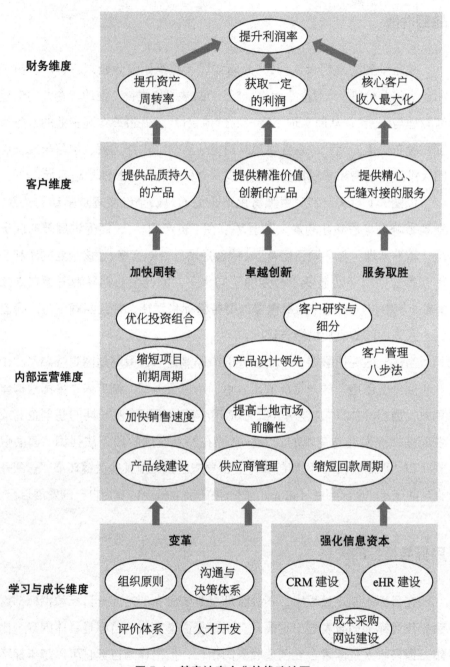

图 5-1 某房地产企业的战略地图

完整的目标表述，应该包括下面三个方面的内容。

（1）企业的财务表现，特别是销售收入与净利润的具体数值。销售收入代表企业的业务规模，净利润代表盈利能力。在此基础上，企业随着自身逐步壮大，开始使用毛利率和净利润率这样的盈利性衡量指标，以及投资资本回报率、净资产收益率、经济增加值这些更复杂的代表投资效率、股东价值的财务指标来明确每个战略周期的具体目标数值。毕竟，企业的战略成果必须最终体现在财务报表上。比较特别的情况是，有些企业在特定时期会选用某个指标的成长性数字来作为目标，比如净利润提升30%，而不是强调绝对数字。在这种情况下，一般是在一个既定的基数下，通过目标来强调某些领域的成长与改善。

（2）其他定量指标和定性指标的具体描述。比如，反映企业行业地位的市场占有率、行业排名等；反映运营效率的存货周转率、工期、项目关键节点完成率、不良率等；反映客户反应和客户质量的客户满意度、日活跃用户数、客均收入、客单价等；反映人力回报的人均收入、人力成本回报率等。这些目标的制定，一定要和企业发展阶段高度匹配。比如对于初创型的2C企业，在投入期，应重点关注获客的情况、客户体验、客户活跃程度、营业收入这些指标的具体表现，而不适合选用利润改善、成本控制等这些适合进入成熟期的企业衡量指标来制定目标。

（3）企业要呈现出来的整体状态。鲜有企业战略制定者将这一类型的目标放入目标体系中，从而普遍忽视了其重要作用。在企业组织里，越到基层和一线，对于企业常规的财务目标、经营目标就越缺乏认知。很多时候，我们看到企业创始人或高管在激情四射地宣讲企业3～5年之后营业规模变多大，拥有多少事业部和员工，而听演讲的员工们却不为所动，完全"无感"。原因在于，企业的目标设定过程没有让更多员工参与，而且目标的表述只是冷冰冰的数字，并没有形成全体员工共同的蓝图。因此，在企业战略制定的实践过程中，我经常会要求企业的高管团队首先要发动尽可能多的员工来共同描绘在战略周期结束时企业成功的样子,而且鼓励大家采用头脑风暴的做法。不过多做出限制、进行质疑或抨击,让大家出于良好的愿望去畅想企业成功的美好画面,然后在里面找到与企业常规定性定量目标的链接,从而让目标"可视化",变成组织内大多数人能理解、从心底认同和愿意去共同努力的东西。从众多企业的实践来看,让员工有"拥有感"的目标制定过程,更能激发全员的战斗力和提升目标实现的可能性。图5-2是某房地产公司管理团队在2013年共同畅想与描绘的"未来3年成功的样子"。3年之后,当我和这家公司的管理团队一起来重温这张图时,我们发现这些大家当初多少抱着一些"将信将疑""纯梦想"的心态写下来的东西,基本上都变成了现实。大家非常感慨,也感受到了愿景成真的力量。从此,这家企业的管理者养成了一个习惯:在动员员工为未来目标努力时,让大家平等地、发自内心地共同畅想"未来成功的样子"。

- 成为所在区域具有特色的行业领先者
- 规模不低于200亿元
- 员工薪酬在同行中具备竞争力,高管薪酬更具竞争力
- 区域里具备很强的行业影响力,能够得到政府、同行的认可
- 景观装饰业务在已进入的区域排名前三
- 商业项目具有"一炮而红"的口碑,具有区域的影响力
- 最佳雇主
- 公司商务标准提高(五星级、头等舱)
- 办公环境优越
- 团队心心相印
- 对自己的产品有高度自豪感
- 拥有更多有竞争力的城市公司
- 高管工作内涵有非常大的提升,实现平衡
- 产品线成熟,市场高度认可

图5-2 某房地产公司"未来3年成功的样子"成果

目标设定的两种风格

在设定阶段性战略目标的过程中,最考验的是企业创始人或 CEO 的个体特质,这里既蕴含着他们的进取心、企图心、偏执程度和风险偏好,也充分体现了他们的格局与韧性,是他们的阶段性认识和"赌性"的集中呈现。

企业阶段性目标设定的过程可以划分为两种风格:"目标驱动"和"条件驱动"。

(1)目标驱动。纵观全球当下的成功企业,在其成长过程中关于目标设定有一个规律:企业创始人基于对市场和客户需求的长期前瞻性判断,找到重大的商业机会,并以成为实现商业机会的领导者作为目标,倒逼企业的各种变革与进步。"缺什么补什么",为了实现目标,该换的人就得换,该找的人就得找,所有的努力都围绕实现目标而展开,甚至决然不给自己和企业留有余地。正是这种"以终为始、目标驱动",推动了这些企业始终以领导者心态来要求自己和实现追赶,并最终在激烈的竞争中脱颖而出。

(2)条件驱动。根据企业本身拥有的资源来推导未来的发展可能性。比如,某公司去年的营业收入是 10 亿元,它预测全行业未来 2 年的营业收入年度增长率在 20%,而企业本身存在管理团队都是老员工、资金不宽裕等限制,于是接下来的 3 年该公司的年营业收入目标都设定为 16 亿元。这样的目标设定和背后的战略貌似稳健,但是只会让企业保持行业追随者的状态。从长期来看,企业的经营如同鸡肋,每年都捉襟见肘,陷于平庸。

企业战略制定者在目标制定过程中很难摆脱个性特质的束缚。因此从某个角度来说,企业的战略就是企业战略制定者特别是创始人或 CEO 人生战略的折射。

目标设定中的艺术

目标的设定要符合 SMART 原则（specific，明确；measurable，可衡量；achievable，可达成；realistic，现实；time-bound，有时间限制）。

目标设定的过程，除了追求逻辑的严密和理性的考量，还掺杂了很多艺术与感性的成分。大部分人认为"目标是拿来实现的"，但战略制定者更要掌握一门艺术，那就是激发组织全员认识到"目标是拿来超越的"。

目标在公司最高层级设定后，经过层层分解，下发到基层。在这个过程中，我们会看到大量的博弈：下级永远都希望目标设定得轻松一些，而每个层级管理者都希望把上级分解给自己的目标加码之后再分解给下级，从而换来目标实现的更大可能。这样的目标分解和设定，只会让人对目标产生天然的抗拒和游戏心态，目标的达成变成了苦役而不是成就。

在很多企业高管团队的战略研讨会上，我会请他们做一个现场练习：请其中一位来到墙角，给他一支笔，然后请他竭尽全力原地起跳，在跳起来的最高处画上一条线。然后我会问在座的所有人："你们相信如果这位同事再度原地起跳再画一条线，能超过刚才那条线吗？"几乎所有人都回答"可以！"，而他本人也表示"应该可以"。等他再度竭尽全力起跳时，我们发现，99% 以上的人画出了更高的一条线。当我问所有人为什么会这样时，大部分人都会总结道："因为他有了参照物。"没错，每个人在面对目标时，如果心里一开始就充满了对目标的恐惧和不确定情绪，对自己的潜力又没有一个客观参照的话，目标就变成了一个难以实现的东西。但是当我们经过尝试，对本身的潜力有所了解，全副身心投入超越目标的状态时，实现目标就不再可怕，而目标也不再是远不可及的纯梦想。因此，在企业战略制定及实施的过程中，战略管理者的一个重要任务就是激发组织全员面对目标处于"二次起跳"的心智状态！

另一个诀窍是尝试用颠覆性的目标来激发团队进入完全不一样的思

维状态。宝洁前首席营销官吉姆·斯登格有一句名言:"当我们总是谈论10%、20%的增长时,我们的思维就永远被局限于渐增式成长模式里。我们需要的是,始终思考如何实现十倍以上的指数级增长。这时候你会发现真正跳出了思考的束缚(out of the box),激发了你和组织的潜力,从长远和从全局去寻求机会。"逼着团队去进行十倍增长的思考,并不等同于纯粹的臆想和不切实际的"放卫星"。当市场的选择和对竞争的思考符合逻辑时,那么在足够大、足够有成长性的市场空间里,一个企业实现十倍增长是完全有可能的,无非是要从战略的角度打破常规甚至"全部押进",而这首先要求战略制定者突破自我心智的局限性。在万科的发展史上,在100亿元营收规模时,以郁亮为首的管理团队给王石提出了千亿元以上的成长目标。即便管理团队拿出了证明市场增长潜力的数据作为支撑,王石仍表示不相信和怀疑。同样的事例在联想集团、华为都出现过。企业创始人很多时候在面对未来的发展目标时,也会陷入渐增式成长的束缚里。值得庆幸的是,这些企业创始人都具有愿意倾听、授权和自我快速修正的能力,所以才让企业管理团队制定了符合十倍增长的目标与战略,并在过程中积极推动战略实现。

目标实现的过程管理

优秀的战略制定者在设计战略目标时,还擅长把长期目标分解到各个阶段里,使过程中"每走一步都有成就感""积小胜为大胜"。

2013年,我曾经辅导了万科集团用于培养下一代高管的"珠峰行动"。彼时万科总裁郁亮向学员分享了他登上珠峰的体会:从一个对运动毫无兴趣的偏胖界人士,到决定跟董事长王石一起攀登珠峰,这种转变听上去让人震惊和难以置信。背后的动机当然首先是,作为中国房地产领先企业的新任总裁,必须证明自己有改造自己的强大能力,也为组织下一阶段的飞跃向全员发出清晰的信号。然而，这个令人震惊的目标配合合理的方法论和个人的自律与坚持，是完全可以实现的。具体来说，他把"3年内登上海拔8848米的珠峰"的总体目标，切分到了按日、周、月、年划分的渐进式小目标上。比如每天5点起床开始跑步，锻炼心肺和体能。几周之后他发现自己做到了，就会有成就感并增强实现下一个小目标的自信。5个月之后，郁亮完成了入门级的雪山攀登，再之后是更高的雪山，最终他在3年内成功登上了海拔8848米的珠峰，并且变成了一个能达到马拉松职业选手水平的运动达人。

在我看来，这就是一个经典的规划目标、寻求方法和坚持不懈的战略管理过程。

扩展到人类历史的角度来看，发明飞机飞上天空、人类登上月球，这些目标都从不可思议到分解成若干过程目标，辅以各种艰苦卓绝的努力与坚持，最终得以实现。因此，个人的人生也罢，人类的创造与发明也罢，企业的发展也罢，都依靠"具有雄心的目标、正确的方法与过程、不懈的努力与坚持"这三大战略要素。

我曾经多次陪伴辅导的企业高管团队去戈壁参加"玄奘之路"徒步挑战，这个活动的精神宗旨"理想、行动、坚持"完全契合上述战略要素，也很好地解释了为什么很多企业家和高管在参加这个活动后都能得到企业战略发展的若干思考与顿悟。

让我们再次回到SL公司的实战案例。

在经过了严谨的市场与客户需求分析、竞争格局分析之后，整个集团未来的发展方向已经初见端倪。然而，企业的发展仅仅停留在"有方向"的阶段是远远不够的，企业接下来需要的是各个业务板块和全体员工都明确的企业发展目标。SL公司的董事长是一个自嘲为"具有文艺青年气质"的企业家，既充满了想象力与创造力，又是一个极具前瞻性与志向远大的人。在集团战略规划期间，他考虑最多的是，如何重新表述企业长期的愿景与使命，驱动组织全员为终极的发展目标而努力："当初我把几个城市的同行公司小老板整合起来成功上市，大家都说没想过会有今天。但是我们既然有了现实的基础和可以期许的未来，那就不能小富即安。为什么不去做一番大事业以不辜负此生呢？"经过多轮讨论之后，SL公司确定了新的愿景和使命。

愿景（vision）：成为视觉技术应用的全球领导者。

使命（mission）：为客户创造超乎想象的视觉体验。

为了承载愿景与使命，SL公司确定了中长期的战略发展三曲线（见图 5-3），明确了如何从现有核心业务形成业务的接力棒，带来公司的持续发展。

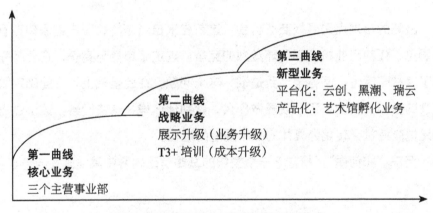

图 5-3　SL 公司中长期战略发展三曲线

之后，聚焦到未来 3 年，SL 公司描述了综合的发展目标：

- 成为中国视觉技术应用的领导者。
- 成为行业标准制定者和管理标杆。
- 成为视觉技术的黄埔军校。
- 核心团队有"质"的成长。
- 设计可视化领域全球最大。

- 房地产行业数字营销领域国内最大。
- 数字营销的一半业务来自非房地产。
- 城市展览展示业务进入国内第一梯队。
- 为员工创造业内最高的收入。

最后，从营业收入、净利润等关键财务指标的角度，SL 公司明确了三大核心业务以及集团整体的未来 3 年和次年量化的目标，从而构建了一个完整的从远到近的、定性与定量结合的、让全员具有兴奋感又切实可行的目标描述系统。

【第一模块小结】

战略的出发点是寻找商业机会，这首先来自对市场和客户的深刻理解与洞见。任何商业机会都伴随激烈的竞争。选定了市场与竞争，企业就完成了其战略定位，回答了"我是谁"这个问题。在此基础上，企业确定阶段性的目标，就回答了"我要做什么，做到什么样"这些问题。这个过程就是把商业机会转化为具体的战略规划的过程。

至于"如何做"，将在下一个模块的战略解码内容中具体阐述与分享。

模块案例一

猪八戒集团的战略升级规划

2006年,还在当记者的朱明跃瞄准了创业创新的机会,创办了猪八戒网,致力于通过互联网平台为小微企业提供各种创业和发展所需的服务。经过15年的发展,猪八戒网已经聚集了超过2000万家企业客户、服务商以及几百万各类专业人才,服务覆盖品牌设计、软件编程、知识产权、财税等十几个大项和几百个类目,成为一个连接小微企业与企业服务商的交易平台。在这个发展历程中,猪八戒公司逐步完成了集团化,除了猪八戒网这个交易平台,集团旗下还有八戒知识产权、八戒财税、八戒工场等业务板块,完成了全国100多个城市以及线下1000多名员工的布局。2011年,猪八戒网获得IDG投资并被评选为中国2011年度"最佳商业模式十强"企业。2019年10月21日,胡润研究院发布《2019胡润全球独角兽榜》,猪八戒网排名第224位。

近年来,随着人口红利消失,C端市场增长放缓,互联网进入下半场已成定论,如何寻找新的增长点,成为互联网巨头重要的思考方向。从2018年下半年开始,2B成为诸多互联网公司的新方向,以BAT为代表的传统互联网巨头、以TMD为代表的互联网新势力,以及华为、平安等龙头企业纷纷加紧布局2B,尤其是企业服务领域。

猪八戒集团已经在2B领域耕耘了10多年,初步站稳了脚跟,拥有比较稳定的用户和企业服务领域的品牌影响力。但是,面对2B的新机会和日趋激烈的竞争格局，公司创始人朱明跃陷入了对公司战略升级的思考。尽管公司在过去几年的发展比较顺利，但是，作为公司的掌舵人，他一直试图寻找企业实现突破性增长的机会。用互联网平台的模式给企业提供专业服务面临三座大山：第一是小额非标。平台的两端主要是小微企业，有大量的 Logo 设计、品牌设计、软件开发等需求，客单价仅为几百元到几千元，而且都是非标准化的，这使交易双方的供需匹配及交付充满了复杂性，平台为此要付出很多努力并投入大量人力。第二是交易低频，这也是企业服务的特性决定的。一个企业在商标注册、品牌设计等方面的需求很可能要若干年才会出现一次。第三是跳单。交易平台上达成的合作到了真正成交环节可能跳到线下进行，这对平台是一个问题，如果无法解决频繁跳单的问题，平台的生存就难以为继。这三座大山基本把很多做企业服务交易平台的创业公司都打趴下了。此外，为了阶段性解决服务品质的问题，对于平台上的某些服务领域比如品牌设计，猪八戒网自己建了团队进行服务，这无形中和服务商产生了竞争关系。整体上而言，在两端都是小 B 的平台模式下，猪八戒网整个组织人员的专业性都还有很大的提升空间。

猪八戒集团的领导团队很清醒地认识到，要跨越以上三座大山和彻底解决痛点问题，只有进行战略升级，才能摆脱增长的困局，让公司跨上新的发展台阶。在咨询顾问的帮助下，猪八戒集团开启了战略升级的规划。

首先，升级公司的定位。猪八戒集团自成立以来，随着商业环境的变化和服务品类的扩张，先后尝试过威客平台、服务交易平台、人才共享平台、灵活用工平台等不同的定位，但是都没有抓住公司业务的本质，对市场和客户缺乏一个清晰的、持续的价值传递。猪八戒集团的核心管理团队认真研究了全球企业服务领域的发展历程，对于未来的发展空间及趋势进行了研判，发现不管本身的服务品类和商业模式如何变化，本质上公司是一个企业服务的平台。从发展空间上来说，企业服务是一个巨大的商业领域，目前中国企业服务市场的容量已经是万亿元级别，而且还处于快速增长期。从企业客户的需求上来看，会越来越需要多个企业服务领域的综合供应，因此服务商必须不断扩展服务品类来形成企业服务的组合与整体解决方案。如果只定位为企业服务的某个领域，无疑会限制客户对猪八戒集团业务的认知，也让集团的战略发展停留在有限的几个细分市场上，无法应对未来的竞争需要。因此，猪八戒集团的定位必须清晰，自己的主营业务是企业服务。另外，猪八戒集团经过长期的发展，沉淀了平台的能力，能够有效地连接众多企业客户和服务商，而平台模式也更能筑起公司的护城河，与大量的专业服务商形成差异化竞争。基于此，猪八戒集团对公司的战略定位进行了升级：成为中国领先的企业服务平台。类似于美团是生活服务领域的平台，猪八戒是专注于生产性服务（即企业服务）领域的平台。这个升级不仅仅是文字上的改变，更是一次重大的战略选择，代表公司对生意本质的理解和未来业务边界的认知。

其次，升级商业模式。猪八戒集团在十几年的企业服务探索过程中发现，如果客户端停留在大量的小微型企业，业务端停留在客单价低、低频和基础服务的产品上，随着人工智能等科技手段的快速发展以及巨头挟资本加入竞争，公司会面临流量下降和营收下滑的危险。在交易平台上，如果自己提供与服务商一样的产品，比如品牌设计，等同于平台与服务商抢客户与业务，会破坏平台的公信力与商业价值。因此，只有在某些不和服务商重叠的领域提供自营的专业服务，比如知识产权与财税，才能保证服务的品质与营收和利润的增长。品牌设计的业务必须并入产业服务板块去面对中大 B 客户，才能与交易平台上的服务商错位。此外，猪八戒集团逐步积累了良好的政府资源，多次受到各地方政府的邀约，希望猪八戒集团借助其 100 多个线下园区运营与 1000 多名线下营销人员的资源和能力，去提供产业园区和某些产业的专业服务与资源整合。而企业服务的升级，无疑是围绕着产业链与产业结构来提供产业服务。G 端能高效地带来批量的 B 端客户与需求。因此，猪八戒集团完全有能力进入产业服务领域，并与原有的企业服务形成良好的化学反应。基于这些思考和分析，猪八戒集团刷新了商业模式，形象地将其描述为"三级火箭"模式。一级火箭是平台基础设施，对线上和线下的平台进行基础设施的完善与升级，包括产品标准化与流程智能化，能够持续获取小微企业的流量与做大基础服务成交总额（GMV）规模，从中孵化优质的小微企业到二级火箭——专业服务。二级火箭是通过平台与其他渠道获取中小型企业的客源，进行客户洞察，提供知识产权、财税等更专业和复杂的服务，实现营业收入和利润增长。三级火箭是将平台与专业服务整合，面向特定的地方政府与园区，提供数字化的产业服务方案，比如政府服务采购、产业园区运营、数字人才培训、智慧农业等。

如图 P1-1 所示，这三级火箭之间不是孤立的，而是互相提供动力的。一级的平台为专业服务提供了大量的数据和优质小企业客户资源，而二级的专业服务能够牵引一级平台的专业能力和服务品质提升。二级的专业服务为三级的产业服务提供了专业交付支撑，而三级的产业服务又能够为二级的专业服务提供批量获客。这种模式能够让猪八戒集团围绕着一个企业从小做大的全生命周期提供不同层次与专业度的企业服务，形成强大的客户黏性，与巨头和单一赛道上的专业服务商去竞争。

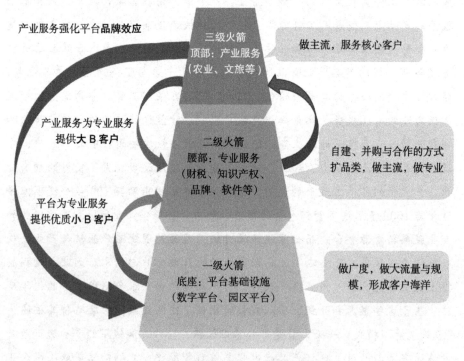

图 P1-1　猪八戒集团的"三级火箭"模式

最后，制定 5 年战略规划与明确 2021 年的战略措施。猪八戒集团的管理团队在战略规划的过程中，深刻总结了过去的经验教训，发现过往的战略管理出现了几个痛点：一是战略思考集中在创始人的头脑中，团队并没有足够的思辨与共创，战略共识的质量不高；二是没有找到熟悉企业服务领域的顾问来指导战略的制定，在某些重大战略决策上缺乏对企业服务本质的理解；三是战略在描述上不够清晰，不利于对下宣传引导，中层没有准确理解战略背后的逻辑，无法将战略层层分解到具体的业务行动中去。在经过了多次激烈的内部讨论之后，猪八戒集团管理团队邀请了伟略达WayLeader咨询公司的资深顾问来参与5年战略规划的制定。在一个远郊的酒店里，包括集团高层、主要业务板块负责人在内的管理团队进行了2天2夜的战略研讨与共创。在市场环境与趋势的研究中，管理团队澄清了公司的战略定位，也就是赛道的选择。管理团队基于数据，对于中国企业服务这个巨大赛道的市场空间与成长趋势，形成了高度的共识，并对猪八戒集团企业服务平台化历程中所形成的先发优势有了更大的信心。在竞争格局的分析过程中，针对互联网与科技巨头、传统企业服务的领先公司、各区域性的企业服务公司这三种竞争群体进行了细致的分析，明确了猪八戒集团的五大差异化竞争优势：线上线下融合、"三级火箭"模式、知识产权与财税的自营专业服务能力、面向政府端的影响力、平台技术与融资上市。基于企业服务领域快速发展与竞争加剧的共同认识，猪八戒集团创始人朱明跃以"以终为始"的思维，提出了未来5年的雄心勃勃的发展目标：坚定地按照"中国领先的企业服务平台"这一定位，努力实现指数级的增长。为此，集团5年的战略重点规划是：第一，平台基础设施规模化与生态化发展；第二，提升企业服务专业能力，扩充品类并进入主流市场；第三，产业服务瞄准重点园区和行业，提升市场份额；第四，打造企业服务生态，培育更多专业服务机构；第五，持续提升组织能力，保障集团各业务板块高质高速发展。

本次战略升级的规划，有效解决了以往业务和客户的结构问题，部分业务与平台服务商竞争，服务跳单等业务痛点，更重要的是，让猪八戒集团的中高层团队第一次有了高度的战略共识，明确了企业服务平台的关键成功要素，找到了在企业服务这个超级赛道上谋求大发展的关键路径和措施。作为一个拥有强执行力的团队，猪八戒集团在战略规划之后，立即着手开展各项组织、文化与人才的变革，正式开始了新的战略征程。

第二模块

将战略解码为行动与责任

> 战争是愿景的竞争，战役是智慧的竞争，战斗是勇气的竞争。
>
> ——佚名

战略解码的根本意思，就是把企业战略决策者（通常是企业创始人或 CEO）个人的战略思考进行密码的"破译"，群策群力，转化为管理团队和员工可以理解的、具有共识的关键举措与行动计划。

第6章

战略澄清与达成共识

战略执行的障碍

有一句广为流传的话:企业不缺完美规划的战略,最缺的是真正落地的战略。企业人员都广泛认识到:战略最难在执行,而战略执行困难的原因在于四个方面的障碍(见图6-1)。其中,远景障碍是首要的障碍,是指企业高层在公司战略上往往缺乏澄清与共识。

我在帮助企业进行战略研讨时,往往会先做一个练习。当我问参加研讨的企业中高管"你们公司有战略吗"时,绝大部分人都会说"有"。接下来,我会给每人一张便笺纸,请他们用不超过三句话写下他们理解的公司战略。然后我逐一将便笺纸上的内容读给他们听,并将便笺纸贴在墙壁上供他们参详。结果大部分号称"公司有战略"的中高管写出来的东西五花八门，毫无共识可言，甚至有一些就是纯粹的"转型升级""再造一个×××""成为中国××行业领先者"这样空洞的口号。

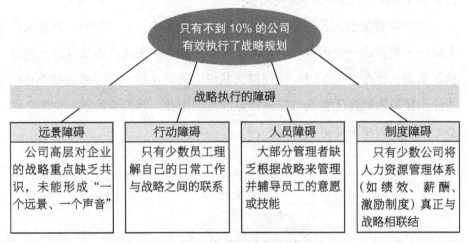

图 6-1　战略执行的四大障碍

我将这个练习作为判断一家公司是否真正有战略，以及战略是否在领导团队里形成共识的一个标准。之所以会出现刚才提到的乱象，原因大致有以下五种。

（1）公司的确没有战略，但是作为公司中高管，碍于面子，总要根据自己的理解拼凑一点儿东西出来。

（2）公司有战略，但是除目标之外，缺乏实质性内容，描述不清晰，逻辑有问题，导致每个人都只有碎片化和混乱的记忆与表达。

（3）公司有清晰的战略描述，但是战略没有经过认真的讨论、澄清、争辩与达成共识，也没有组织过中高管人员对战略进行宣讲，因此"一百个人眼里有一百个哈姆雷特"，有些人甚至不认同公司的战略，导致大家的理解和表述相差甚远。

（4）公司中高管人员没有接受过任何战略管理的培训与训练，他们忙于参加各种商学院的学习，把战略与经营目标、愿景、运营层面的工作安排等混为一谈。

（5）最严重的是，公司的战略与大家实际的工作完全脱节。"你说你的，我干我的"，这样的战略名存实亡。

在国际管理咨询公司合益集团的客户数据库中，近半数的企业在战略上处于"需要进一步澄清"的状态（见图6-2），如果企业不采取进一步澄清的举措，就会进入31.3%的"缺乏共识"的群体中。请注意，在上述样本中，如果剔除跨国企业与管理成熟的大型企业，我们会发现，中小企业战略共识度的情况会更不乐观。

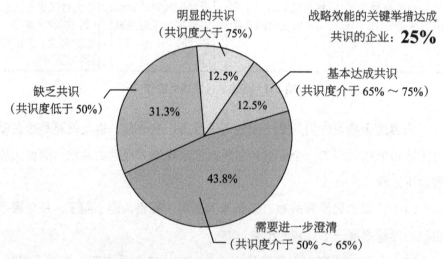

图6-2 2013年合益集团企业战略共识度调研结果

注：因四舍五入，图中数据合计不为100%。

战略澄清的必要性

基于我过去20年的观察，不少企业的战略通常源于企业创始人或者CEO个人的思考，或者一两个关键领导的小范围讨论意见，然后再将这个战略说给战略管理部或经营管理部这样的职能部门相关人员听，最后形成一份战略描述，下发给企业的各个部门与层级要求遵照执行。企业创始人或 CEO 越强势，这种情况就越有可能发生。

讽刺的是，在未来一段日子里，这位创始人或 CEO 大多会对企业的战略实施极为不满，在各种场合对于企业管理者的战略执行情况与自己的期望相差甚远表示无法理解。殊不知，这样的战略管理缺乏战略澄清与达成共识、有效分解为具体行动与责任的"解码"过程，即使这个战略规划来自顶级战略咨询公司或战略制定者的高瞻远瞩，也无法变成一个有效的作战地图并进行过程管理，只会停留在漂亮的 PPT 中或者沦为墙上贴的口号。

可能这些强势的创始人或者 CEO 会对此不以为然：战略只能是少数人的智慧，企业的中基层只需要按照战略描述执行。那么我们就需要认识到一个常识性的问题：战略的落地与执行，靠的是融入企业各种岗位和角色的人员的日常工作实践，而不能指望战略制定者卷起袖子亲力亲为。面对自己听不懂、不认同的所谓战略，如何让实际在干活的人达成负责战略指挥的人的意图呢？无法回答这个问题时，战略方向与实际工作的南辕北辙就不足为奇了。

有一家 3C 电子商务代运营公司，其 CEO 于 2010 年前后在企业抓住市场机遇快速发展起来的过程中，敏锐地发现未来企业成功的关键是不断提升消费者的购物体验，因此提出了"提升客户档次，打造极致客户体验"的战略。标语和口号在公司内各种场合比比皆是。但是，他在审视战略执行的过程中发现，各个部门仍然停留在创业初期的习惯性动作中。比如，物流部门负责人仍然将"采购成本"作为第一判断标准来选择合作的快递公司，导致产品的物流屡屡遭到客户投诉，甚至在"双十一大促"等关键时刻出现爆仓与产品严重积压；商务合作部门在寻找企业客户时，仍然以"快速找到客户形成销售"为原则，与大量服务付费意愿不高、目标消费者是中低端群体的小型企业签订合作协议，导致客户管理混乱、公司内部各种资源紧张,但每个项目效益并不高的局面,背后的根本原因是商务部门负责人并不认同要在寻找更高端品牌企业方面付出更大努力。

战略澄清的必要性,可以在战略有效性矩阵(见图6-3)中得到体现。战略既缺乏正确性,又缺乏共识度,那么公司完全没有真正意义上的战略管理;战略富有正确性,但是只停留在战略制定者个人的脑袋里,没有核心团队的共识,这样的战略只能是曲高和寡;战略具有高度的共识度,但是无助于掌握优质的商机并赢得竞争,这样的战略只能是人云亦云的"大路货";唯有同时具备了正确性和共识度的战略,才是高效的战略。企业想要走上高效战略之路,就必须不断地对战略进行澄清。

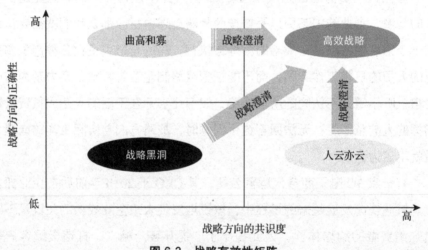

图6-3 战略有效性矩阵

战略澄清研讨会

进行战略澄清并达成共识不是一件容易的事,最有效的方式是召集企业中高管和核心人员开战略研讨会议,实现群策群力。

企业的战略研讨会议很多,但是真正能达到战略澄清效果的并不多见。这种性质的会议过程首先考验的是公司有没有在平等和公开的氛围下讨论重要事项的文化基础。如果企业是"一言堂"文化，这样的讨论过程就没有实际意义。其次，这个过程需要精心设计，有大量的研究数据和案例作为支撑，并进行巧妙的引导与沟通。为了促成研讨会的高质、高效完成，最好是有熟悉企业情况的、经验丰富的外部导师或顾问参与或主持会议，他们在这个过程中能及时把握参会人员间的"化学反应"，有效影响创始人或 CEO，把争议和质疑控制在合适的程度，并最终促成大家达成共识。

一个典型的以战略澄清和达成共识为目标的研讨会，要以 2～3 天为一次、开展 1～3 次才能保证有质量地形成成果。图 6-4 即一个经过设计的战略澄清研讨会日程安排。

第一天	第二天
08：30 会议前准备（文档、现场资料、音响和投影等）	09：00 公司顾问引导回顾第一天共识
09：00 由战略副总裁导入发言	09：15 讨论：未来 3 年的发展目标
09：10 市场部总经理介绍市场状况和未来 3 年趋势预测	10：50 休息
10：00 讨论：市场的机遇和挑战	11：00 各小组对发展目标的呈现与讨论
10：50 休息	12：15 午餐
11：00 客户服务部经理介绍客户需求研究成果	13：30 公司总裁发言，宣布和解读公司未来 3 年发展目标
11：30 讨论：客户需求变化对企业的影响	14：20 讨论：目标实现的主要挑战
12：15 午餐	15：20 休息
13：30 外部专家分享：行业竞争态势	15：30 3 年发展目标的逐年分解
14：20 讨论：企业核心竞争优势与关键短板	17：30 公司顾问小结
15：20 休息	18：00 董事长宣布会议结束
15：30 SWOT 联系与结果讨论，形成共识	
17：30 公司顾问小结	
当晚 阅读参考资料和分组交流	

图 6-4 战略澄清研讨会日程安排示例

会前需要做大量的、细致的准备工作，主要是：①由相关部门准备市场、客户和竞争的研究与分析资料；②邀请外部顾问与专家，对公司高管进行访谈，理解会议需求、准备相关内容并确定会议议程；③完成关键人员就关键问题的沟通。

每一家企业的战略澄清都需要安排足够的预热与互动。

企业创始人或 CEO 需要与全部关键人员（核心管理人员、技术专家、供应商代表、经销商代表、行业专家、同业高管等）进行沟通，以保证视角的全面性与对关键战略问题理解的深入程度。面谈最为理想，视频会议是可选手段，最糟糕的是派出办事人员然后回来写报告。在公司内部人员中，对于公司发展战略一贯有独特见解或者喜欢发表"刺头"言论的，需要事先沟通，理解其真实的想法与诉求，进行初步的说服并达成共识，从而降低会议现场过于冲突、无法深入与持续的风险。

战略澄清的首要内容是：战略是怎么来的？这需要战略管理人员事先整理战略规划的前期内容并将其清晰地呈现出来。这样，在研讨的过程中，既有机会让更多人对这些信息拾遗补阙，更重要的是也可以让不同岗位的人员把控战略环境的全局。

在某些情况下，战略制定者还需要澄清公司的愿景与使命，提醒参与研讨人员公司的初心。某些企业在面对未来战略的若干选项时，往往会有"因为短期机会的出现而背离公司长期的愿景与使命"的情况。这时，企业战略制定者尤其是创始人需要再度澄清公司长期的愿景与使命，从而把大家拉回到正确的出发点和发展轨道上。

需要重点澄清的是未来的阶段性目标。

正如上一章里提到的，阶段性目标的锁定很多时候是企业创始人或 CEO 个人战略思考和个性特质的集中体现，而仅仅依靠常规的文件撰写和会议宣读很难让企业关键人员真正理解目标的完整逻辑与内涵，这就需要他们在战略研讨的重要场合，有准备、有系统地向大家阐述阶段性目标"是什么"以及"为什么是这样"。比较复杂的情况是，企业在有新老业务组合时，必须分别讲清楚新老业务的发展目标，以及可能的协同要求。

为了增强目标的清晰度，除了讲目标"是什么"，还需要讲目标"不是什么"。从逻辑与沟通的技巧上看，既有"是什么"也有"不是什么"的做法，能够排除一些模棱两可、似是而非、外延过分扩大的情况，从而提升理解的一致性。比如"市场占有率上升50%"，背后是"抓住行业机遇，在格局未定的窗口期抢占市场份额，从而进入第一梯队"，不是"常规的做大业务"，也不是"不顾利润底线的盲目倾销"。这样的表述能让参会人员深刻领会到战略目标的真正内涵。

在目标分享的过程中，如果战略制定者具备"TED式"的演讲能力，就能锦上添花。但是这个过程并不要求他们具备出众的口才与演讲技巧，而是要有基于数据和逻辑支撑的决策果断性，通过畅想"目标实现后的成功画面"并辅以动作，引导参会人员产生对目标的认可与向往。对于目标的内涵可以有疑问和解答，但是通常不允许在现场进行否定与调整，因为这只会说明目标的产生不具有严肃性。有关目标合理性的讨论，应该在这些会议之前于小范围内完成。因此，企业创始人或CEO必须关注参会人员的心智状态，既要体现出对目标的深思熟虑和斩钉截铁，也要消减大家对目标是否过于冒进的怀疑，并迅速切换到"目标就是大家共同想要的超越"。

随后，在如何实现目标这个关键环节，企业战略制定者并不需要抛出具体的战略思考，而应就业务组合、新市场进入、竞争手段等高阶部分进行导入式分享，让参会人员进行讨论、质疑与回复的互动，从而推动战略重点的共创过程。战略澄清框架如图6-5所示。

战略的澄清并不能奢望通过一次研讨会就达到效果，可能需要若干次研讨，并在会后进行一对一、多对多的多轮次、大范围的沟通。为了把"战略深入人心"做在前端，保证战略共识度与可执行性，企业战略制定者应在这一部分多花时间与精力。

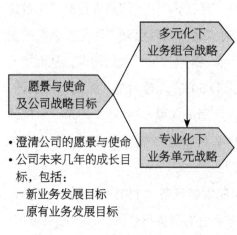

图 6-5 战略澄清框架

第 7 章

战略重点与实施路线图

战略重点的特征

战略解码的下一个重要步骤,是共同明确实现阶段性目标的战略重点,这也是战略解码过程中最核心的部分之一。有的公司或者咨询顾问会把战略重点称为"战略主题"。

我个人的体会是:战略主题是用一两个关键词来整体表述战略的最大特征,而战略重点是战略主题的展开,是指具有决定性意义的举措,它关注于对企业全局性目标的实现而言作用最重大或者实力最薄弱的领域。相对战略主题,战略重点更加具体化和行动化。比如,战略主题是"低成本",战略重点的描述则是"降低关键原材料采购成本"。只有明确了企业发展的战略重点,才能真正做到从思考到行动的转化,让企业战略有码可解、解之有效！明确战略重点是战略解码的关键步骤之一（见图 7-1）。

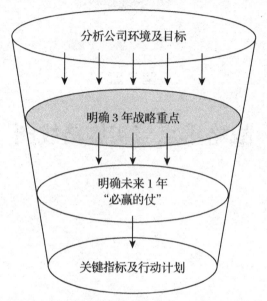

图 7-1　战略解码关键步骤之一：明确战略重点

共同明确战略重点

在实战中，明确战略重点往往会跟战略澄清的形式一致，采取召集企业中高管和核心人员共同参与的研讨会方式，过程中也会强调"分组讨论、小组代表分享、现场归纳总结形成共识"，以保证在既定的会议时间内最大限度地萃取与会人员的个体智慧，并有效率地形成成果。

与会人员首先用 5～10 分钟进行个人思考（见表 7-1）：结合前端对于公司战略的输入（宏观环境、市场、竞争），对于公司 3～5 年内阶段性目标的达成，公司最应该做好的 5 个关键举措（战略重点）是什么？为什么必须将这些关键举措作为战略重点？该战略举措落地实施的挑战是什么？

表 7-1 战略重点的个人思考用表格

序号	战略重点	作为战略重点的原因	实现该战略重点可能存在的挑战
1			
2			
3			
4			
5			

然后，在小组内进行个人思考成果的分享与讨论，找出有共识的 5～6 条战略重点描述，按照重要性排序，并找出支撑每条战略重点落地实施的 3 项关键子任务（见表 7-2）。

表 7-2 战略重点的小组讨论用表格

重要性排序	战略重点	实现本战略重点必须完成的子任务（不超过 3 项）
1		
2		
3		
4		
5		
6		

小组共识形成的过程在 30 分钟左右。

然后，各小组代表逐一发言，分享各自小组的成果。在这个过程中，要鼓励及时的质疑、挑战与补充。在整个过程中，会议主持人尤其要注意引导与会者形成公开、开放和真实反馈的氛围，强调"和而不同"，要求大家在提出质疑和批评的同时，必须提出有建设性的意见。当各小组代表的发言和较量结束之后，通常很多有共识的部分已经跃然而出。这时考验的是负责现场引导或归纳总结的人员（战略管理负责人或者顾问）的功力，他要把这些共识按照一定的逻辑要求归纳整理为简明扼要的战略重点描述。

战略重点的描述非常重要。为什么那么多企业的战略经历"口口相传"后变得五花八门？根本原因之一是战略描述出现了问题。卡普兰在

《战略地图：化无形资产为有形成果》一书中指出，"不能被描述的即无法被衡量，不能被衡量的即无法被管理"。这就是关于战略重点描述在战略管理中重要作用的经验总结。

战略重点的核心内容在企业实现组织整体目标、赢得竞争的根本方法与手段上。中外企业发展到今天，已经在战略管理领域沉淀了大量的方法。企业尤其是中小企业完全可以在实际需要与这些方法之间建立连接，而没有必要强调独创一个新概念或一种新方法。

常用战略术语

这里简要介绍常用的战略术语。

聚焦

聚焦是将企业资源集中在某些特定的产品、业务、区域或者客户上，追求在短时间内为其带来明显的增长与提升，而不是对众多产品、业务、区域或者客户有同等的重视与投入，从而带来资源均摊与稀释。最近几年互联网思潮下的"打造爆款"思维其实就是一种聚焦战略在产品上的体现。威图手机⊖在其发展史上长期聚焦于高端手机，只把最高端人群作为目标客户群，在手机的用料与装饰等细节上极尽奢华，但是它的手机型号和款式却不多。威图手机通过适度迭代保证了产品的爆款效应，在全球拥有极为忠实的粉丝群。

细分

当企业的某些业务进入成熟期，竞争趋于激烈时，企业可以把产品、

⊖ 由高端奢侈手机公司 VERTU 创立的定制手机品牌，平均每款售价高达十几万元。

区域、业务按照不同属性（尤其是根据客户需求）进行更细的分层分类，从而找到一些竞争对手还未发现或者忽视的领域，并迅速采取手段抢占这些细分领域。宝洁可以说是细分方面的大师。宝洁通过其对消费者的深入研究和需求洞察，从客户需求特征、区域文化等角度对产品品类和产品线进行细分，并在很多新挖掘的细分市场牢牢占据龙头位置，比如中青年男士头皮护理、妇女衣物洗涤等细分市场。

紧缩

与扩张相反，企业出于对经济环境和行业形势的判断对某些业务的前景不看好，或者本身需要集中现金应对经营挑战时，需要"壮士断腕"，主动通过停止投资、业务合并、撤销或退出、减员缩编等方式进行业务调整和规模缩减。"主动"与"被动"，虽然仅一字之差，但是前者是战略，后者是无奈之举，实有天壤之别。IBM 在其发展史上，曾数次主动退出某些重要业务，比如 2005 年将个人计算机业务整体出售给联想，就是其重大的战略决策体现。最近几年，国内很多民营金融控股集团纷纷出售资产削减规模，这是它们为了资金链不断裂而进行的挣扎，因为在金融去杠杆的政策环境下它们有巨大的偿债压力。

差异化

差异化往往和细分战略紧密相关。对产品、业务、区域或者客户进行细分之后，企业选择与竞争对手不同的方法和手段去占领特定的（或者独有的）领域。图 7-2 是罗伯特·M. 格兰特在《现代战略分析》一书中总结的差异化机会来源。凡是去海底捞吃过火锅的人都对其服务赞叹不已。这就是在众多火锅店中，不是常规地参与口味上的竞争，而是另辟蹊径突出服务的差异化经典案例。

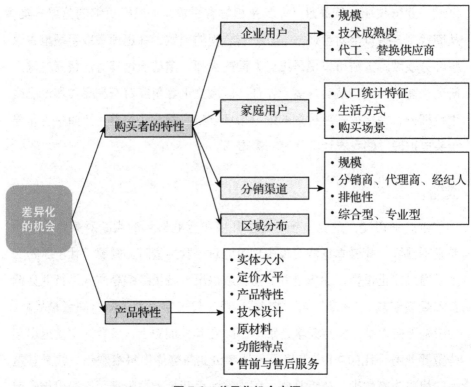

图 7-2　差异化机会来源

垂直一体化

　　垂直一体化又叫纵向一体化，是指企业顺着同一产业链往上游或者下游两个可能的方向上扩展现有业务。其目的是加强对原材料供应、产品制造、分销和销售等全过程的控制，从而增强竞争力，在更多产业链条寻求利润空间。举例来说，华润三九的主要业务是中成药非处方药产品研发与制造。在国内同业争抢有限的中药材资源的情况下，华润三九开始往上游发展中药材种植与流通业务，这既能从原材料的源头保障华润三九制药业务的可持续发展，又能使其在重要中药材品种价格长期上涨中获取适度的利润，更重要的是它让华润三九把握了在整个中成药产业链中的话语权与竞争力。有些企业甚至尝试做"全产业链",将业务扩张到整个产业链条。比如做奶粉的企业,上游扩张到奶牛养殖与饲料加工,下游扩张到母婴奶粉的终端销售。

横向一体化

横向一体化也叫水平一体化,是指通过收购兼并、战略联盟、自建等方式整合同行业,甚至跨界进入新产业。其目的是形成规模经济和垄断优势,或者进入新产业领域以获取新的成长空间。在房地产行业,融创被称为"并购之王"。融创通过积极的同业并购,既实现了住宅业务规模的急剧放大,也快速进入了商业、产业等新业态。其销售额从2011年的192亿元增长到2019年的5556亿元,横向一体化的战略在融创身上体现得淋漓尽致。

需要提醒的是,企业纵向与横向的一体化都属于扩张战略,都要符合经济学上的两个基本常识:一是规模经济,规模能带来更大的资源控制、更多的用户,或者更低的边际成本;二是内部效率更优。这些扩张往往意味着各业务单元之间的内部交易必须有高于外部交易的效率,否则与其他企业进行交易更符合经济效益。企业在这两个方向扩张的大量案例说明,违背了这两个常识,扩张战略带来的是低效率和高风险,往往以失败而告终。

创新

企业在产品与服务、商业模式、技术、组织等多个方面应不断寻求推陈出新。关于创新的战略,有人认为"做别人都没做过的才叫创新",即原创式创新;但是也有人认为"做自己没做过的也可以叫创新",即模仿式创新。其中,原创式创新往往来自企业追求领先优势的思维,所以意味着更高的风险与更高的回报。创新还分为追求本质完全不一样的破坏式或颠覆式创新,以及在一定基础上逐步产生变化的改良式或渐进式创新。创新方式的选择，一定要和企业选择的赛道发展趋势、竞争格局、阶段实力相匹配。"学别人先做的，但是做得比别人好""持续做别人还没有做过的"都是战略可选项，没有高下之分。特别要提醒中小企业的创始人，当自己在市场中尚未站稳脚跟、财务实力有限的情况下，不一定要人云亦云地一味追求原创式或者颠覆式创新。我打交道的一些中小企业创始人，所在的行业并不具备生物医药行业那样"一个重磅创新药决定一切"的特性，而是规模、品牌与成本决定了企业能否在短时间内获得订单以保障营收与现金流。但是他们被各种"唯创新"论冲昏了头脑，在产品、技术和模式上"多点开花"，均追求颠覆式创新。企业珍稀的财务资源被迅速摊薄且未能及时取得足够回报，于是陷入了现金流危机。其实，企业即使从模仿别人的基础上开始起家，只要这种模仿合法合规，而且比原创做得更好、更能得到客户的青睐，就能在不断成长的过程中积累力量，实现各种创新的兼容并蓄。华为已经家大业大，每年它在通信技术领域获取的专利数量全球第一，但是其创始人任正非清晰地指出"从来不支持'自主创新'这个词"，原因在于华为具有很强的包容和效率思想，全世界创新的东西在付费许可的情况下都可以为其所用，而不需要把别人做过的东西再做一遍。因此，华为把效率优先放在首位，通过各种创新抓住大的战略机会。

多元化

企业在业务扩张时，如果选择的业务类型与原有的业务有较大的差异性，进入完全不一样的产业，则被称为非相关多元化。比如中国最大的多元化企业集团——华润集团，它通过并购，涉足了零售、能源、医药等7个不相关的产业，成了"中国版通用电气"。美的集团和格力集团是中国家电产业的双雄。美的集团除了在家电各品类里扩张，还通过收购进入了房地产和工业机器人领域，从相关多元化过渡到非相关多元化；而格力集团则长期坚持在空调这一品类上重点发展，走了相对专业化的路子。在多元化的战略选择面前，企业创始人一定要特别清醒。过去这几年，随着金融去杠杆的深入推进，在国内甚至全球曾经突飞猛进、大肆扩张的中国多元化控股集团纷纷倒下。其中一个重要的原因是，这些企业认为自己可以学习巴菲特，通过投资涉足若干不相关的产业形成组合，但是没有人认识到"价值投资"与"产业运营"在本质上是不一样的。做好一个产业已经非常艰辛了，妄想简单地通过玩转银行贷款和资本就能随意进出与经营各种产业，忽视各个产业的发展规律，不全力以赴通过长期运营以形成各产业竞争力，必然会品尝苦果。

转型

转型是指企业调整主营业务，甚至产生了完全不一样的业务组合，改换了"赛道"和"主航道"，新的主营业务具备和原有业务明显不同的特征，比如泛海集团卖掉大部分房地产项目和资产，从房地产企业转型到涵盖证券、银行、信托等金融业务的金融控股集团。

升级

升级是指企业的主营业务没有发生实质性的变化，但是随着产品迭代、技术更新或者客户结构变化，能为客户提供更丰富、更有价值的产品与服务。比如，2018年，腾讯宣布在"连接人，连接数字内容，连接服务"的基础上，将进一步探索更适合未来趋势的社交、内容与技术的融合，并推动实现由消费互联网向产业互联网的升级。

平台化

平台化更多强调战略中的商业模式选择。企业为交易双方或多方构建平台，本身不介入买方或卖方，通过给交易方提供规则、服务、信息等资源而获取服务费用。比如天猫、拼多多就是典型的电商平台，贝壳找房则试图打造一个房地产线上线下融合的交易平台。

生态化

对于发展到具有一定规模和影响力的企业，可以与上下游合作伙伴、客户、政府、资本等不同利益相关方组成生态系统，共同创造和实现价值，它们以交易结构（特别是资本）为纽带紧密组织起来，形成了一个"共生共荣"的生态系统。这几年最失败的生态化战略案例当属乐视，而公认比较成功的生态化战略案例则是小米。围绕人工智能物联网这一个大机会，小米通过股权投资、战略联盟、资源共享等方式，打造了一个包括智能硬件、人工智能、软件开发、物联网应用、大数据等企业在内的生态系统，并通过供应链金融、资本、管理甚至价值观输出影响整个生态，创造了协同的价值。

产融结合

实体企业通过参股、控股、持股、战略合作、人事参与等方式进入金融领域或者将现有业务与金融高度融合，其目的是通过协同获得长期融资渠道、降低融资成本，或者创造新的商业模式。这方面的经典案例之一是复星集团。在郭广昌"价值投资、长期持有"的理念指导下，复星集团从房地产和医药等实业起家，迅速构建了金融控股公司，旗下有保险、证券、银行等金融业务。这些金融业务与复星的其他产业集团高度协作，为复星集团的资产证券化、并购、国际化等战略发展提供了宝贵的血液和新的模式。

以上列举的这些常用的战略术语，在企业战略管理实战中并不能简单和孤立地看待和应用。

这些战略手段各有利弊，很多时候又互相交织、更替转化。比如在细分的过程中会产生聚焦,创新往往是差异化的一种手段,横向一体化或纵向一体化都可能涉及多元化的问题,企业某些时候主动选择紧缩是为了在下个阶段更锐意地扩张。

因此,企业管理人员只有熟知这些战略手段的内涵与各自的利弊,才能在对企业发展阶段和商业机会有高度共识的情况下,按照"两利相权取其重,两害相权取其轻"的古老智慧,在战略描述中做出具有一致性的选择。

此外,中国很多企业在寻找合适的"术语"来描述本身的战略时,不妨参考一下军事上的战略用语。

不管是中国历代兵法中的智慧,还是近现代世界战争史上的著名战役所留下的若干战略思想与方法,都可以为企业所借鉴和参考。

"农村包围城市""运动战""持久战"等脍炙人口的军事战略,在今天的企业界,仍然有巨大的适用空间。比如,中小企业在进行跨区域扩张时,面对北上广深等大城市成本高、竞争激烈的情况,完全可以借鉴"农村包围城市"的战略思想,从次发达地区寻找根据地,积累足够实力后再进入发达城市。又比如,北京大学国家发展研究院教授宫玉振总结了红军在长征中逆境突围的 16 字战略原则——"以舍为得、因势利导、集中资源、主动灵活",就特别适合中小企业在此次公共卫生事件尘埃落定后的战略处境。

除常用的战略术语外,还有一些描述战略的说法,比如"Vision 2020""Big 5"等外企的说法,以及本土派的"一体两翼""双轮驱动"等,它们都属于对战略描述的品牌化包装和形象化表达,并不能直指战略的内核。我个人的建议是,企业应在完成系统的、具体的战略描述后,再对其进行提炼、归纳与包装,要"先实后虚",而不是本末倒置——"先虚后实"。

战略重点的描述必须符合逻辑学的"MECE 原则"("mutually,

exclusive, collectively and exhaustive",指相互独立、完全穷尽)。换句话说,就是最终归纳整理的战略重点必须处于同一个层次,彼此不出现互相包含关系,并且全面来看已经概括了对企业目标实现最重要的举措而没有重大遗漏。

战略重点描述的常见问题

基于我不下 100 场战略解码研讨会主持的经验,列举一下战略重点描述中最常见的几个问题。

(1) 战略重点停留在口号或者战略主题词层面,陷于空洞,比如"进行转型升级""构建生态""提升组织效率"等,没有点出"转型升级""构建生态"和"提升效率"的关键行动或措施,这叫"避实就虚"。

(2) 战略重点实际上是在重复目标,比如 3 年目标之一是"销售收入超百亿元",而战略重点描述之一是"实现各业务的销售收入大幅增长",但是没有问答销售收入大幅增长的主要手段和措施是什么,这叫"文字游戏"。

(3) 战略重点中的层次感和颗粒度不一致,比如第一条战略描述是"进行销售渠道变革",第二条战略描述是"完成办公自动化系统上线",第一条的层次明显要高于第二条,这叫"头重脚轻"。

(4) 战略重点描述过于冗长繁杂,比如"进行销售渠道分析,根据客户需求变化及时调整渠道结构,实现渠道资源配置的优化",这叫"啰里啰唆"。

为了防止出现单纯喊口号和不够具体的问题,战略重点的描述可以要求强制采取"动词+宾语"(精确,具体到一句话)这样的格式,如表 7-3 所示。

表 7-3　战略重点描述示例

重要性排序	战略重点	实现本战略重点必须完成的子任务（不超过 3 项）
1	布局全面渠道，打造一流品牌	1. 创新零售渠道，实现线上线下并举（2013 年） 2. 开拓运营商渠道销售，实现规模增长（2014 年） 3. 加强智能机时代独特的品牌与内涵营销，增强国内品牌认知（2012 年）
2	塑造企业创新灵魂，持续产出领先产品	1. 打造针对目标市场的伟大产品（2012 年） 2. 彻底改变现有创新机制，塑造有竞争力的独特设计与开发理念（2012 年）
3	实现全面人力资源变革，培育组织核心竞争力	1. "Top Team" 与 "未来星" 两大计划（2012 年） 2. 营销与产品两大序列专业人才培养计划（营销 2012 年；产品 2013 年）

战略实施路线图

战略重点及其子任务一般跨越了 3～5 年的战略周期，有些在几个月或者 1～2 年内就可以告一段落，有些则需要贯穿整个周期，甚至在周期结束后滚入下一个周期继续进行。为此，将战略重点及其子任务放入有时间进度描述的甘特图中，就可以形成一个清晰的战略实施路线图（见图 7-3）。

完整的战略实施路线图，除了明确战略重点及子任务、以季度为单位的时间进度，还要有子任务实施的负责人或部门、配合人或部门、所需资源、关键里程碑成果等内容。

在战略重点的共创过程中，企业要特别警惕一种"雨露均沾"的心态和贪大求全的现象。

每个参与战略解码的人员都天然具有本位主义，倾向于更重视本部门在企业战略中的作用与地位，因此，在寻找战略重点和子任务的过程中，希望把自己所在部门的中长期工作都体现在里面。比如，财务部门的人希望战略重点中有"强化预算管理"、人力资源部门的人会希望战略重点中有"做好关键人才队伍的培训"等这样的描述，而且也貌似都有充足的

战略重点	组长	子任务		路径	2020				2021				2022				2023				2024				特殊说明
					Q1	Q2	Q3	Q4	Q1	Q2	Q3	Q4	Q1	Q2	Q3	Q4	Q1	Q2	Q3	Q4	Q1	Q2	Q3	Q4	
优化客户结构和关系（挂帅：xxx）	xxx	优化客户结构	1.1	发布并落地实施商机管理																					Y
			1.2	退出a业务																					Y
			1.2.1	启动谈判并清理客户OBS																					Y
			1.2.2	退出并清理供应链模具投资																					Y
			1.2.3	清缴逾期账款																					
			1.3	退出b业务																					
			1.3.1	启动谈判并清理客户OBS																					
			1.3.2	退出并清理供应链模具投资																					
			1.3.3	清缴逾期账款																					
			1.4	建立并持续完善订单滚动化评审机制																					Y
			1.5	建立业务计划系统化评审模型及机制																					
			1.6	全方位维护关键客户关系																					
			1.6.1	与子战略团队建立紧密联系																					Y
			1.6.2	寻求公司与客户的价值组带																					
			1.7	获取关键客户替代业务																					
			1.8	识别、拓展新增客户及订单																					Y
		建设并发布订单管理系统	2.1	建设并发布订单管理系统，完善标准管理流程（S&OP）																					
			2.1.1	发布ERP系统模块																					
			2.2.2	发布市场信息管理模块																					Y
			2.2.3	完善资源计划及配置管理																					
			2.2.4	发布并持续完善供应链订单管理模块																					
		建立战略合作联盟	3.1	落实技术战略合作对象																					Y
			3.2	技术路演展示																					
			3.3	产品需求深度探讨																					Y
			3.4	定制化样件交付																					
			3.5	达成意向性协议																					
			3.6	建立战略联盟																					

图7-3 战略重点实施路线图示例

理由："谁能说这些不是企业战略实施的重要组成部分？"但这还是忽略了战略是"实现组织整体目标、赢得竞争的根本方法与手段"这一基本内涵，混淆了公司级战略与部门策略的层次，以及全局性战略举措和局部工作重点。没有出现在公司战略重点描述中的内容，并不意味着它不重要或者不会发生，而是极有可能在更低层次或者部门级的工作重点里体现，同样会被纳入预算、考核与激励的管理范畴，并不会被"打入冷宫"。

如何衡量战略重点描述的质量？除了格式和逻辑上的要求，最终的判断标准要求与会人员必须认真回答："如果战略重点和子任务在既定周期内都能实现，是否有把握达成（甚至超越）我们的目标，带来企业的持续增长？"否则，不论战略描述得如何漂亮，子任务有多么关键，实施路线图有多么详尽，都是"银样镴枪头"。

再回到 SL 公司的实战案例。该集团及三大核心业务的管理人员共计 40 余人，在我的辅导下，首先系统学习了战略三环的方法论与工具，掌握了战略研讨的共同语言。之后，我们一起集中在 3 天时间里进行了战略澄清与解码。在公司董事长发布了 3 年战略目标后，基于前期的客户与市场分析、竞争分析，与会的管理团队成员严格按照"个人—小组—团队"的思辨程序，进行了跨 3 年的战略重点描述，并明确支持每个战略重点的关键子任务。成果如表 7-4 所示。

表 7-4 战略重点与子任务示例

重要性排序	战略重点	实现本战略重点必须完成的子任务（不超过 3 项）
1	聚焦视觉展示，加速业务成长	1. 强化业务单元营销能力 2. 狠抓事业部业务增长点（设计可视化业务的海外扩张、数字营销的非房地产业务、展览展示的博物馆业务） 3. 促进跨业务协同
2	强化研发和产品创新	1. 加大 X 实验室的建设 2. 推行内部孵化机制 3. 加快产品分级与创新

(续)

重要性排序	战略重点	实现本战略重点必须完成的子任务（不超过3项）
3	打造企业品牌影响力	1. 建设集团层面的品牌体系 2. 多管齐下推广企业品牌
4	广泛合作，并购增长	1. 开展和同业、广告公司、视觉技术公司、渠道的战略合作 2. 建立并购系统 3. 伺机进行同业、广告公司、视觉技术公司的并购
5	深化管理升级和运营改善	1. 改善信息化管理 2. 攻克T3运作的难题 3. 提高项目集成管控能力
6	优化人才机制，激发组织活力	1. 实行系统化的关键人才管理 2. 推行新的激励机制 3. 强化企业文化价值观

第 8 章

"必赢之仗"行动分解与绩效责任明确

完成战略周期内的战略重点及子任务描述,并不意味着大功告成了,相反,战略解码才刚刚进入"深水区"。再伟大的战略,如果没有落实到当前的关键战斗部署,以及把战斗的责任分解与落实到具体的队伍与人员身上,仍然会停留在 PPT 的状态。

我经常打一个比方:战略解码就像攀岩,目标是登顶,过程中按照什么路线上升,在哪个阶段踩哪块岩石适合,这就是战略重点的安排。但是,如果不能在一开始就踩对了岩石,把最开始的几步踩踏实了,那么极有可能整个攀岩在中途困难加倍或宣告失败。又比如,我们希望经历一个战略周期——踩着石头过河,到达一条河流的彼岸,那么,只有在下水的初期,找到最合适的垫脚石,才能确保战略一步一步地顺利推进。如果一下水就踩错了石头,那么原先的过河路线也就失去了意义。

因此，我们需要把3～5年的战略焦距拉近到未来一年，用更聚焦的方式，明确这一年里更为关键的行动。这就需要我们制定出这一年的"必赢之仗"（must win battle）。

"必赢之仗"

战略管理中讲究的"战略要做1年，看3年，想10年"，就是在时间周期上，以及"思、知、行"三者关系上体现战略解码原理（见图8-1）。

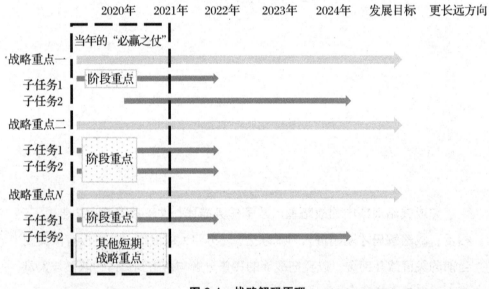

图8-1 战略解码原理

在图8-1中，我们可以清晰地看到：公司在制订2020～2024年的5年战略规划时，针对5年后目标的实现，确定了战略重点和支撑性的子任务。然而，这些子任务必须在2020年有更具体的体现，并作为当年的里程碑行动来开展。此外，有时在2020年会出现一些当年发生、当年结束的事件，它们对于整个5年的战略成败也具有"不赢则输"的意义。这时我们也必须把这些事件考虑进来，与子任务的年度推进置于同样的重要位置，形成当年的"必赢之仗"（见图8-2）。

第二模块　将战略解码为行动与责任　109

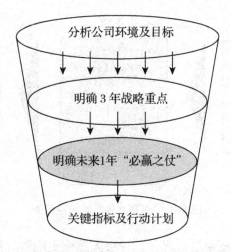

图 8-2　战略解码关键步骤之二：明确"必赢之仗"

什么是"必赢之仗"？"必赢之仗"是指公司在未来一年非打不可、聚焦能量、输不得的"战斗"。这些"战斗"具有以下特征。

（1）需要由公司高管挂帅"率兵打仗"。

（2）具体明确。

（3）是有可能取胜之战。

（4）对公司战略重点推进的成败有决定性影响。

（5）影响波及整个公司范围。

（6）需要在整个公司范围内调动资源才能达成。

我与一家高科技公司合作过，该公司酷爱军事的董事长曾经用他个性化的语言形象地诠释了"必赢之仗"："这就是把我们面前要攻下的阵地上的碉堡找出来炸掉。要啃这些硬骨头，就必须组织敢死队，不管是让他们拿炸药包，还是用后坐力炮，甚至是空投炸弹，否则，后面连拼刺刀的机会都没有。整个战役的全局就此决定。"

通常，在战略解码的这一步继续沿用"个体思考、小组小结、全体分享与对比、整体归纳"的流程。在战略研讨会的与会人员进行"必赢之仗"的思考时，可以使用图 8-3 中的筛选框架。

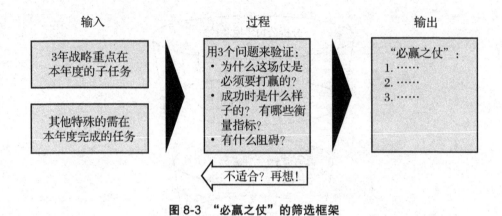

图 8-3 "必赢之仗"的筛选框架

遵循图 8-3 的框架进行思考，与会人员能更细致、更严格地寻找、分析和明确年度的"必赢之仗"。

不管企业的规模与业务复杂度如何，根据我的经验，"必赢之仗"的数量通常在 5～8 个。对处于某些关键时期的企业而言，越少的"必赢之仗"往往意味着公司关键人员经过了越审慎与严格的评估、取舍、思辨和聚焦。因为面对的是即将到来的一年，与会人员会面临更艰难的选择。在组内讨论和整个团队取得共识的过程中，较量将变得更激烈，成果的形成将更难。

在"必赢之仗"的描述上，同样适用"MECE"的逻辑要求和"动词+宾语"的格式规范。表 8-1 是某企业在明确"战略重点和子任务"的基础上产生的年度"必赢之仗"。

表 8-1 "必赢之仗"示例

	2012 年 ×× 企业的"必赢之仗"
1	开启人力资源变革，提升中高层领导力，培育营销专业领先人才
2	打造伟大产品，构筑中端市场显著规模
3	实现创新机制的根本转变，确立特有设计风格并形成核心竞争力
4	建立智能机特有品牌形象与内涵
5	完成核心业务流程变革，使流程落地并开始运行（IPD、PU、MP）

更有挑战性的是，企业在明确"必赢之仗"时，还需要明确每一场"必赢之仗"的挂帅人员。

企业高管通常有既定的职责分工，因此在这个过程中貌似可以按照既有的角色分工来确定挂帅人员。然而，从"必赢之仗"的定义中我们可以感受到，这些重要的战斗需要统筹企业的全局、调动整个组织范围的资源，而单纯按照职能分工不一定能取得"找到敢死队队长"的效果。此外，某些高管在现实中本身就与本职岗位任职能力的要求存在差距。

因此，挂帅人员的定位首先是具有强烈的冲锋意愿，其次是有超越本职工作的协调与指挥能力。他们更像"超级项目经理"，要承担的责任中更重要的是能推动与每一场"必赢之仗"相关的机构、部门和人员协同作战。"必赢之仗"事关企业成败，所以在选定挂帅人员时，既不能互相客气推诿，又不能光靠一个"勇"字举手报名即可。

有适当能力和意愿的关键人员能主动请缨是最理想的，但是必要时也需要创始人或 CEO 果断点将指定人员，所以这个过程考验了创始人或 CEO 调兵遣将的个人领导力，也考验了核心管理团队在"大敌当前"时的集体领导力。为了保证责任到人，挂帅人员后续必须签订"军令状"，具有对相关人员推动、提请问责与激励的权力。

为此，企业还需要在明确"必赢之仗"后，将战略解码推进到下一个关键环节：分解为具体行动并明确绩效责任。

"必赢之仗"的行动计划分解

行动计划分解，听上去像管理者的基本功，然而从广泛的战略解码实操情况来看，战略解码的这一环节往往是耗费时间最多、对与会人员挑战最大的。

很多人会混淆目标分解与行动分解。

目标分解

在企业管理情境中，目标分解是司空见惯的管理动作，尤其是在预算管理与绩效管理这两个领域。举例而言，某企业次年的销售收入目标设定为1亿元，那么各业务单元（区域公司、事业部、产品部门等）会在博弈之后形成各业务单元次年的销售收入目标。但是，这种典型的目标分解往往沦为"数字游戏"，因为在整个过程中并没有解决最关键的问题——"销售收入目标在公司层面是如何实现的"以及"在各业务单元又是如何实现的"。在某些企业领导层惰政的情况下，销售收入目标先由基层单位一层一层自行上报，总部进行汇总并根据领导层意志适度调整。"根据客户和市场调研确定公司整体目标再进行战略制定并对下分解"这一战略管理完全缺位，公司的目标管理甚至会出现"打了靶再去画圈"这样自欺欺人、自娱自乐的现象。

在战略规划的前端，公司领导层必须深入基层与市场的"田间地头"，洞察客户需求、市场环境和竞争态势的变化，评估各业务单元的现实与潜力，才能设计公司顶层的目标及明确战略重点。把措施和行动一层一层分解到基层，是一个"自下往上"与"自上往下"高度结合的过程。因此，战略解码的"最后一公里"，就是基于"必赢之仗"的作战要求，把目标与实现目标的具体动作在基层进行细化的过程。比如，在这种情境下，某国货美妆公司要求某产品业务单元次年必须"严格执行公司'必赢之仗'要求，进行销售渠道结构优化，抓住新兴的微商与短视频直播机会，砍掉一些效益差的线下传统经销商"，从而实现3000万元销售额的目标，这才是战略解码的逻辑体现。

行动分解

在行动分解上，我们要避免"物理式分解"，追求"化学式分解"。

"物理式分解"是简单按照预算、既有结构切分，往往体现为流程化和数字化。比如，对于"开发新产品"这一重要举措，在行动分解时，很多人会将其分解为"市场调研、撰写可行性报告、制订开发方案、立项、制订开发计划、总结验收、打样、小试、中试、上市"这样典型的常规流程，陷入"物理式分解"的误区。真正重要的是，企业必须对现有新产品开发的做法进行分析评估，打破常规，根据客户和竞争的需要，抓住要害环节创新变革。比如，同样是"开发新产品"，有人将其分解为"从标杆企业引入新型产品经理，塑造打造爆款的产品理念，重建产品开发流程，邀请目标客户代表参与到产品开发前端"等行动，这种分解方式让行动的内涵与实质产生了根本的"化学反应"，从而实现"化学式分解"。

因此，在进行行动分解时，企业需要先用一些案例来现场训练参会人员，调校大家对于高质量行动分解的认知与技能，并提供示例和模板工具，以保证行动分解的质量。

在战略解码会议实践中，考虑到时间与参会人员的限制，公司的"必赢之仗"通常只需要分解到一级行动，也就是将公司级的行动分解到各业务单元、职能部门层面。"必赢之仗"的挂帅人和分解出来的一级行动责任人应该在会议之后，立即组织相关人员进行对下的二次分解，把行动贯彻到部门内关键岗位层面，但是整个过程都必须严格使用表8-2所示的格式，以保证成果质量和后续的执行监督。

这里列举一些在行动分解实战中常见的注意事项和处理方式。

（1）一级行动分解不必过细过多。整个战略解码强调"抓住本质与要害"，因此每一场"必赢之仗"通常分解出来的一级行动不会超过8项。因此，在参会人员不熟练的情况下，在一级行动初稿出来后，必须按照"MECE"的逻辑要求做"减法"，把一级行动砍到仅保留"重点、非常规、非常难"的行动。同时指出后续还有二次分解的空间，从而避免事无巨细，将各种行动都体现在一级行动中。

表 8-2　行动分解的格式要求

"必赢之仗"：××××			
一级行动	完成时间	衡量标准	责任人
使用"动词+宾语"的表达方式，应体现具体方法和措施，避免使用过于抽象或表决心式的表达方式，各主要行动应粗细一致、周密完整	指每项主要行动开展的时间段（起始～结束）	指对每项主要行动完成情况如何衡量，在衡量标准中应当包含指标和对应的具体目标数值	"责任人"都应为高管团队成员，原则上每个行动计划只能由一位高管负责

（2）完成时间的适当表达。某些可以一次性完成的一级行动应该用一个时点来明确，比如"完成年度经销商会议"的完成时间表述为"3月1日之前"。但是某些持续时间长甚至贯穿全年的行动必须切分关键节点，按照进度来表述时间要求，比如"推进公司流程优化"就体现为"3月1日之前完成公司全业务流程分析，4月1日之前完成试点单位优化后的流程描述，12月1日之前完成试点单位的流程上线"。

（3）衡量标准。彼得·德鲁克说过："不可被衡量即不可被管理。"战略从宏大到可以被执行的精细程度，靠的是层层分解为可以被分析、衡量、评估和修正的具体动作与战果要求。一级行动的衡量需要严格遵循"SMART"原则，这样关键执行人员才能明确责任、执行有力。能够量化的行动尽可能量化，不能量化的行动必须要有目标成果。比如，"提高生产效率"这一"必赢之仗"分解出的一个重要的一级行动是"采购关键设备"，其衡量标准如果设定为"3月1日之前完成验收入库"，那么这一行动显然没有产生战果。真正的衡量标准应该是"产品生产时间缩短2天"这样的效果要求。一个重要的成本管控方案的衡量标准并不是"得到总经理审批"，而是执行后产生成本节约的实际效果。要特别指出的是，战略解码的行动分解衡量标准并不简单等同于绩效考核指标，而是要反映真正的战果，把战略落实到一个个具体的战斗胜利上。因此，战略解码参与人员必须按照行动衡量标准来对照"必赢之仗"，从而评估行动分解的合理性与质量。

（4）责任人必须要明确。与对挂帅人员的要求不同，"必赢之仗"的行动分解里可以涉及多个责任人。但是为了明确责任，在每一个行动分解中应该明确主要责任人和协作人员，从而强化战斗小组的责任意识和氛围。另外，不建议使用"某某部门负责人"来取代人名。在战略解码的过程中，为了保证"首战用我，用我必胜"，强调责任到人，应该明确每一个行动的责任人的姓名。表8-3为某手机企业的"必赢之仗"行动分解。

表8-3 某手机企业的"必赢之仗"行动分解示例

"必赢之仗"：打造针对目标市场的伟大产品，同时在中端市场形成显著规模，树立××在业内的领先地位			
一级行动	完成时间	衡量标准	责任人
收集全球领先技术信息及资源，明确几个革命性的突破点	2012年4月	突破点的确定、企划书的输出	×××（产品规划）
组建开发、获取关键技术的"独立团"，提供关键技术保障	2012年4月30日	团队正式运作	×××（开发部、产品规划、资源开发）
设立专项资金，与上游合作供应商形成合作同盟，联合开发几项领先的元器件、关键资源	2012年3月确定5月1项，7月2项	关键资源获取数量（至少2项技术）	×××（资源开发、产品规划）
直接购买符合伟大产品理念的设计作品及其技术	2012年5月中旬决策、7月中旬购买	获取3件作品及其技术	×××（技术；产品规划；商务：高管团队）
组建一支产品经理团队，引进世界级的产品经理导师予以辅导，快速提升其能力	2012年6月底组建团队、9月底导师到位	6名产品经理与2名导师，确定提升计划	×××（产品企划、HR）
成立具有一定数量的、专业的外部产品评审团，在产品开发过程中，通过互联网与其互动，收集实时反馈	2012年5月31日全年收集反馈	方案发布、评审团人数、收集并应用的产品创意	×××（行销企划、官网运营、品牌）

行动分解的相关问题

在行动分解的过程中，为了提高效率，我们可以充分应用很多高效研讨的方法，比如"世界咖啡"。参与战略解码的人员按照"必赢之仗"分为若干小组，组长即挂帅人，组长指定一名记录员，在既定的时间内（通常为 2 小时左右）完成第一轮的行动分解；然后在第二轮，除了组长和记录员保持不变，其他与会人员都参与到和自己工作关联最紧密的"必赢之仗"的小组里，对已有成果进行质疑、补充和完善。用这样的方式能在最短时间内完成最多人对多个"必赢之仗"的参与，保证了行动分解时思考的周全性和行动计划的高质量。

整个战略解码过程强调在开放、客观的氛围下进行彼此观点的质疑、交锋和思辨。到了行动分解阶段，这种较量通常会进行得更激烈，甚至充满了火药味。

原因在于，在讨论公司级的目标、战略重点和"必赢之仗"时，这些内容略显宏观，跟与会人员的业务、管理及技术工作往往还有一些距离；然而到了行动分解阶段，战略已经具体到业务与日常经营活动的细节中，内容就变得非常具体，而且责任到人。这会引发很多人从工作执行的角度"吐槽"已经存在的问题及矛盾，对不合理的政策、流程、协作等提出变革的诉求。

作为战略制定者，对于这样的局面不需要感到不安，或试图跳过较量环节草草了事。把影响行动完成的制约性因素提前暴露出来并做出有效应对，才是保证战斗能打赢的关键。

因此，这个环节需要会议主持人有高超的引导技巧，既能鼓励与会人员进行思辨，又能控制好节奏和氛围，把问题解决的答案融入战略分解的行动计划中。

再优秀的管理团队也不能指望 2～3 天的战略解码过程所形成的一级行动分解一步到位形成定稿。

最佳实践是，在会议结束时，战略制定者要求各挂帅人员趁热打铁，在未来一周内继续用各种方式和相关行动责任人完善行动计划，形成优化稿提交给公司核心领导审议。与此同时，公司战略管理人员让各业务单元和职能部门在一级行动基础上进行二次分解。经过几轮的沟通与完善后，最终形成的行动计划才能在公司领导层面确认和定稿发布。这样才能形成"目标－战略重点－必赢之仗－行动计划"的整套战略文档描述，也就是整个企业的战略作战地图。

"必赢之仗"的责任到人

所有的战斗都是靠人来进行的，而战斗中要保证战士具有"不破楼兰终不还"的状态，就必须明确责任。因此，在战略解码的最后，需要挂帅人、相关行动责任人以签署"军令状"的形式明确自己在"必赢之仗"中承担的责任。参与整个战略解码过程的人员会自然领会到，企业的绩效管理本身就源于企业将战略转化为行动与责任的过程，关键绩效管理指标本身就是战略分解的工具。所以，行动计划中的衡量指标基本上就锁定了关键人员未来一年的绩效要求。

有些企业会把战略解码的"军令状"称为个人绩效承诺书（personal performance contract，PPC），并安排一个非常具有仪式感的签署过程，希望让相关责任人有"上了战场，敢于承诺，勇于兑现"的荣誉感和使命感，这也是一个值得采用的方法。

我们继续使用 SL 公司的实战案例来帮助大家理解"必赢之仗"及其行动分解。

前文已经展示了该企业 40 余位核心管理人员在 3 天的战略解码会议中针对 3 年发展目标描述的战略重点以及各项子任务。在此基础上，与会人员继续深入聚焦次年的目标与战略行动。经过激烈的讨论和较量，团队终于确定了集团公司未来一年的 8 场"必赢之仗"（见表 8-4），并指定了相应的挂帅人员。

表 8-4　SL 公司 2018 年"必赢之仗"成果

SL 公司未来一年集团"必赢之仗"		
1	狠抓主营业务增长	挂帅：事业部总经理
2	强化大客户营销能力	挂帅：王总
3	加快产品分级和创新	挂帅：李总
4	建设集团层面的品牌体系	挂帅：梁总
5	攻克 T3 运作的难题	挂帅：裴总
6	完成信息化管理系统上线	挂帅：康总
7	实行系统化的关键人才管理和激励	挂帅：胡总
8	加强账期管理和坏账处理	挂帅：康总

值得强调的是，对于一个集团化企业而言，能被确认为集团"必赢之仗"的重点行动，往往具有全局性的战略意义，需要打通各业务板块和职能部门来协作完成。因此，其挂帅人选除了完成自己的本职工作以外，还要承担更重要的"必赢之仗"指挥协调与监督落实的责任。

在 SL 公司的战略解码中，以其中一场"必赢之仗"——"强化大客户营销能力"为例，其挂帅人是某个事业部当时负责大客户营销的总监，但是三大事业部同样面临强化大客户营销的重要战略任务，这时就由这位总监来担纲"超级项目经理"，统筹推动各事业部的大客户营销工作（见表 8-5）。

表 8-5　SL 公司"强化大客户营销能力"的"必赢之仗"行动分解

序号	一级行动	完成时间	衡量标准	责任人
1	明确各事业部的大客户标准并形成名单	7 月底	数据收集和分析结果在总裁办公会通过；CRM 录入完成	王总 事业部经理
2	推动各事业部制定针对大客户的差异化产品、销售政策及流程	9 月底	产品和销售政策得到总裁办公会批准通过；大客户收入占比到集团 10% 以上	王总
3	设计可视化事业部组建大客户营销团队	8 月 20 日	公布大客户营销团队人员	何总

（续）

序号	一级行动	完成时间	衡量标准	责任人
4	设计可视化事业部推进战略协议的签订	全年	根据标准签订 × 家战略协议；大客户收入占全年收入的 60%	何总
5	数字营销大客户入库	7月底	有清晰的标准，数据收集分析的结论得到事业部总经理的认可	张总
6	数字营销事业部推进战略协议的签订	全年	战略协议 Top 10，2～3 家；Top 50，20 家（北上广深各 5 家）	王总
7	打造几个大客户合作的标杆项目	全年	从 7 月开始每个季度 1 个	事业部经理

这时，集团高管、挂帅人本人的上级领导变成了"必赢之仗"中分解任务的具体责任人，在过程中承担具体工作任务并接受考核与问责。这体现了"大敌当前，不分官衔"的战斗作风，会给很多具有论资排辈等级观念的企业带来不适应和冲击。

【第二模块小结】

战略解码是对战略规划的无缝承接。企业创始人或 CEO 的战略意图和思考必须通过战略解码的过程，高质量地转化与分解为具体的措施和行动。战略解码过程中强调的战略澄清、研讨共创，是为了让企业关键人员参与到战略讨论中，形成战略共识，凝聚团队的能量，形成"上下同欲"的局面。战略解码的另一个重要价值是打通了企业战略、预算、绩效三个管理系统，避免出现三个系统互相脱节的"三张皮"现象。最终，判断行动计划是否合理的标准是，能否带来关键战争的"必赢"；判断"必赢之仗"是否合理的标准是，能否为 3～5 年战略周期内企业的战略重点奠定现实基础；判断"战略重点"是否合理的标准是，能否在 3～5 年内让企业实现既定的发展目标，进入无限增长的下一个阶段。

模块案例二

东原地产集团的战略解码

2013年1月,正值寒冬之际,对东原地产集团而言,公司里却充满了求发展求突破的热烈气氛。这家总部位于重庆市南岸区的住宅地产开发商创立于2004年,经过几年发展在重庆、成都、武汉站稳脚跟,尤其是在大本营重庆,被称为"渝派"房地产新秀。罗韶颖女士担任董事长兼总裁后,亲自掌舵,积极推动公司的人才和组织升级,开始谋求公司更大的战略发展。在原有管理人才的基础上,公司陆续引入了一批有万科、龙湖背景的高管来补充新鲜血液。在高管团队新老融合及领导力提升的过程中,如何形成对未来3~5年战略发展的目标一致性便成了大家迫切的共同诉求。

2012年,我国房地产市场刚刚经历了新一轮的政策调控。全国商品房销售额突破6.5万亿元,同比增长11%,从8月开始由下降转为上升,而且增幅不断扩大。由于价格止跌反弹,房地产企业的投资信心不断恢复,开发投资额、新开工面积等关键指标出现了同比上升、增速加大的态势。反映原料价格的住宅楼面价格同比略有下降,但溢价率开始止跌,转为稳步上升。各类城市的房地产交易量继续增长,一线城市的增长更明显,去库存压力在逐步减弱。可以判断,住宅房地产市场正迎来新一轮上升期。在这种情况下,整个行业的竞争门槛正在抬高。龙头企业万科以1400亿元的销售额稳居全国第一,但是行业百强的门槛已经上升到了近百亿元,市场集中度上升。中原地产监测的七大标杆房企销售额占有率从2008年的7%上升到2012年的12%。

彼时，东原地产集团的年销售收入刚跨过30亿元，项目主要分布在大本营重庆、成都以及武汉。在董事长罗韶颖和高管团队品质理念的影响下，东原地产集团对于产品和服务品质的追求以及创新已经崭露头角，但是在投资布局、销售规模、体系建设、运营效率等方面还有明显的提升空间。

在这种情况下，董事长罗韶颖提出了对于未来行业发展前景和趋势的基本判断：随着我国城市化进程的加快，未来3~5年我国的房地产市场尤其是住宅市场仍然是一个高达10万亿元级别的庞大产业，而且之后几年还会继续保持10%左右的增长，完全可以给东原地产集团提供有足够吸引力的市场蛋糕。在我国，房地产属于资本密集型行业，土地出让和政策调控有强烈的地域特性，市场集中度在相当长时间内会逐渐上升，但不会快速集中到中小房企完全没有份额的程度。然而，在未来3~5年的时间里，具有相当规模、产品竞争力强的房企才能跻身百强，在行业里获得长期生存与发展的"船票"。反之，不能迅速提升规模、缺乏产品与服务竞争力、融资能力弱的房企，将逐渐在行业周期里落伍，乃至被淘汰出局。因此，东原地产集团迫切需要明确未来3~5年的目标与战略，抓住机遇，实现快速成长。这一点迅速得到了常务副总裁杨永席等核心管理团队成员的高度认同。在战略顾问的帮助下，经过多次深入讨论，董事长罗韶颖果断明确了未来3年的整体发展目标：签约销售额过百亿元，进入行业百强。这个目标意味着在未来3年的时间里，销售规模的快速提升是首要的任务。进入百强，意味着综合实力的提升、融资能力的强化，企业的长期生存和发展就有了基本保障。

然而，前期参与战略思考的几个高管都清晰意识到，在公司管理团队正处于新老融合的情况下，如果只是按照以往通常的做法形成一些战略文件下发，并不能保证管理团队具备共同理念和语言，也很难期望组织全员吃透目标和战略的真正内涵并付诸行动。于是，董事长决定与顾问团队一起尝试战略解码的过程，来深度研讨战略、澄清目标、统一共识、分解措施和明确责任。

2013年1月，经过精心设计之后，东原地产集团核心管理团队20余人和战略顾问团队一起，在重庆一个偏僻的地方召开了该公司的第一次战略解码会议。会议时间定为3天，议程安排得非常满（见表P2-1）。

表 P2-1 东原地产集团 2013 年战略解码会议日程安排

日期	时间	主题	内容
第一天	9:00～9:10	东原地产集团发展问题	播放宣传短片，回顾过去 8 年（或 4 年）东原地产集团的发展与成就，目的是调动起大家的情绪，引导新团队对企业发展的认同
	9:10～9:20	常务副总裁开场讲话	站在管理层角度提出本次会议的目的与要求
	9:20～9:30	研讨会目的/流程介绍	1. 从短片引出研讨会主题 2. 3 天研讨会流程介绍
	9:30～9:45	战略考察	1. 根据东原地产集团的战略对与会者进行抽查（三个层面：一是战略的具体内容与数字等，二是为什么这么制定，三是具体怎么做） 2. 通过对战略认识的一致性程度，引申到"共识"的话题
	9:45～10:00	研讨会规则讨论	与会者自己提出研讨的规则，顾问补充
	10:00～11:00	对东原地产集团的 SWOT 分析研讨	1. 顾问引导进入 SWOT 2. 各组讨论 SWOT，总结出重点并展示
	11:00～11:10	茶歇	
	11:10～12:00	SWOT 分析成果展示及达成共识	1. SWOT 研讨，三个关键问题，每组讨论其中一个 2. 达成共识
	12:00～13:30	午餐	
	13:30～14:00	3 年目标（成功时的样子）	1. 畅想东原地产集团未来目标 2. 描述东原地产集团 3 年后成功时的样子
	14:00～14:50	战略重点的讨论	1. 顾问讲解战略重点讨论的方法与例子 2. 讨论东原地产集团未来 3 年的战略重点
	14:50～16:20	战略重点研讨成果展示及达成共识	1. 各小组展示本组战略重点分析结论 2. 对战略重点达成共识
	16:20～16:30	茶歇	
	16:30～16:40	FY13 总体目标阐释	主要介绍财务的预算目标

(续)

日期	时间	主题	内容
第一天	16:40～18:20	讨论并确认FY13"必赢之仗"	1. 顾问介绍"必赢之仗"是什么和描述要求 2. 小组讨论写出FY13的5～6场"必赢之仗" 3. 共同讨论并确认东原地产集团FY13"必赢之仗"
	18:20～18:30	第一天总结及晚上作业布置	1. 研讨规则、3年目标与战略重点、FY13的"必赢之仗" 2. 布置晚上的团队建设任务
	18:30～20:00	晚餐	
第二天	9:00～9:20	第一天成果回顾及"必赢之仗"澄清方法回顾	1. 包括3年目标与战略重点、FY13的"必赢之仗" 2. 顾问讲解"必赢之仗"的定义及描述的方法并举例
	9:20～11:00	澄清"必赢之仗"	1. 顾问引导澄清其中一场"仗" 2. 小组讨论并完成其他"必赢之仗"的澄清
	11:00～11:10	茶歇	
	11:10～12:10	小组展示并确认FY13的"必赢之仗"（是什么，不是什么，成功时的样子，衡量标准）	1. 小组展示"必赢之仗" 2. 接受质询，更改并完善
	12:10～13:30	午餐	
	13:30～13:40	"必赢之仗"的团队分配	1. 确定每场"仗"的负责人与支持队员 2. 必要时重新分组，并将"仗"分到每个小组
	13:40～14:30	行动计划分解研讨（一级行动、完成时间、高管负责人、责任部门、衡量标准）	1. 顾问介绍行动计划的制订规则与样例 2. 顾问引导制订其中一场行动计划
	14:30～15:30	行动计划分解研讨（第一轮）	分配剩余的"必赢之仗"到小组，分组讨论并制定相应的"必赢之仗"（总共120分钟，60分钟的时候轮换一次小组，每个小组确定一个组长与主记录者，除了这两个人，其他人都可以自由选择轮换到其他组参与交流）

(续)

日期	时间	主题	内容
第二天	15:30～15:40	茶歇	
	15:40～16:40	行动计划分解研讨（第二轮）	轮换小组后，继续分组讨论并制订相应的"必赢之仗"的行动计划
	16:40～18:10	小组展示并确认行动计划	小组展示每一场"必赢之仗"的行动计划并接受质询且现场修改
	18:10～18:20	第二天的总结	"必赢之仗"的描述、行动计划描述
	18:20～20:00	晚餐	
第三天	9:00～9:10	第二天成果回顾	包括FY13"必赢之仗"、行动计划描述
	9:10～9:25	播放短片	1. 播放《永不言弃》短片 2. 讨论、抒发观后感：为什么他能成功
	9:25～9:45	个人绩效合约介绍及部分核心运营指标讲解	1. 顾问介绍个人绩效合约是什么及制定要求和规则 2. 对提前设定的核心运营指标（需加入个人绩效合约）进行讲解
	9:45～10:35	讨论并拟定常务副总裁的个人绩效合约	共同讨论并拟定常务副总裁的个人绩效合约
	10:35～10:45	茶歇	
	10:45～12:00	其他高管思考并制定自己的个人绩效合约，并与直接上级沟通及确认	1. 每位高管思考并制定自己的个人绩效合约 2. 与直接上级沟通及确认
	12:00～13:30	午餐	
	13:30～14:30	展示个人绩效合约	1. 上台宣读个人绩效合约 2. 签字、拍照、击鼓
	14:30～15:00	董事长总结讲话	董事长根据三天会议情况进行总结并提出期望
	15:00～15:20	会议结束仪式	在有主题词的背景上留下与会者寄语或手印

会议的第一个成果是管理团队第一次就市场的机遇和挑战、公司存在的优势与短板进行了系统的SWOT分析（见图P2-1）并取得了共识。

之后，常务副总裁杨永席向团队介绍了公司未来3年的发展目标。这个过程澄清了目标是怎么来的以及意味着什么。更重要的是，这个过程表达了这个目标是整个团队要冲击与超越的综合性目标。对一个刚刚完成了 30 多亿元销售额的公司管理团队而言，在未来 3 年的时间里实现 3 倍以上的增长，这样的目标是具有震撼性的。为了消除大家对目标的疑虑，董事长罗韶颖给大家分析了房地产行业现存的巨大空间以及标杆房企的快速发展经验，将大家的注意力迅速转移到了"别人可以，我们完全也可以，关键在于我们要找到正确的路径与方法"上，并开始了后续战略重点举措的讨论。

	优势 S　　内部环境　　劣势 W	
机会 O（外部环境）	1. 城镇化和收入倍增 2. 商业与住宅产生协同效应 3. 高管团队融合带来的团队效应 4. 已进入的区域仍有增长机会 5. 母公司集中资源支持地产板块 6. 通过自我力量找到融资机会 7. 可通过灵活的拿地方式获得更多土地 8. 良好的成长性利于吸纳人才和资源 9. 通过对客户需求的挖掘创造新的行业机会 10. 品牌管理　　　　　　　　SO	1. 区域竞争度越来越大 2. 宏观政策不确定性 3. 人才流失威胁 4. 客户期望值越来越高 5. 供应商整合管理难度加大 　　　　　　　　　　　　WO
威胁 T	1. 资源整合优势（母公司有资源） 2. 双业态的基础为组合创造优势 3. 跨区域的初步布局 4. 产品在重庆已有良好口碑，也有追求品质的意愿 6. 组织文化追求卓越，开放性明显 7. 组织运营持续进步 　　　　　　　　　　　　ST	1. 开发报建环节的内部专业能力和政府关系都做得不够好 2. 因为股权分散而引发的融资成本高，融资渠道有限 3. 运营效率不高，周转率不高 4. 土地储备存量、增量、质量都不够高，获取优质项目的速度较缓且能力不足，明星项目要断档了 5. 资金和拿地的节拍配合不够好 6. 高管团队达成共识困难 7. 大部分领域人才的梯队建设不够 8. 团队激励体系有效性欠缺　WT

图 P2-1　东原地产集团 2013 年年初的 SWOT 分析

表 P2-2 所示的战略重点及子任务描述清晰地回答了销售规模快速增长的根本逻辑与方法：通过融资投入更多区域获取项目，通过产品与服务打造竞争优势，通过运营提升效率和实现高周转。这些都靠一个更具战斗力的团队来实现。2013 年，东原地产集团只是一个偏居一隅的区域型中小房企。为了实现快速做大的目标，东原地产集团必须调整定位，用一个全国性房企的心态来看待自己，并逼着整个团队聚焦于"资本扩张、区域扩张、产品扩张"。这个战略描述既抓住了在行业内阶段性发展的关键成功要素，更重要的是突出了企业本身必须要弥补的短板，让管理团队认识到了未来 3 年的努力方向与重点。

表 P2-2　东原地产集团制定的 2013～2015 年战略重点及子任务

重要性排序	小组达成共识的战略重点	实现本战略重点必须完成的子任务 （不超过 3 项）
1	提高融资能力，保证资金充足	1. 降低融资成本 2. 打造融资团队 3. 找到 2～3 家战略性合作伙伴
2	扩张区域，增加土地储备，持续获取与集团战略匹配的优质项目	1. 打造两级专业化拓展团队 2. 采取多元化方式在目标区域获取项目 3. 优化资金与土地获取的节拍
3	打造东原地产集团特色的产品体系，形成产品竞争优势	1. 初步建成研发体系 2. 挖掘需求，创新产品 3. 提升团队专业能力
4	完善运营体系，提高运营能力	1. 推动运营体系优化 2. 形成矩阵结构内的高效工作方式 3. 提高权责、职责界面清晰度
5	打造高效团队，提升组织战斗力	1. 企业文化价值观的真正实践、落地、深化 2. 提升高层团队的凝聚力 3. 建立人才管理体系

在此基础上，团队聚焦于 2013 年的发展目标和实现措施，结合战略重点分解到年度以及当年可能出现的重大事件，形成了该公司的 6 场"必赢之仗"（见表 P2-3）。

表 P2-3　东原地产集团制定的 2013 年"必赢之仗"

	2013 年东原地产集团"必赢之仗"
1	通过采取多元化的方式获取 9 个以上土地项目
2	建立与潜在战略合作伙伴的互信关系，落实 1～2 家新的战略合作伙伴
3	打造别墅和高层的产品线，并实现商业产品落地
4	优化矩阵式运作的意识、行为与规则
5	加速高层团队的凝聚力和领导力提升
6	抓住关键节点，确保运营目标的实现

由于公司存在若干实际的困难和不足，并且管理团队不管是个体还是集体都存在能力上的不成熟，因此日程将近一半的时间被留出来做"必赢之仗"的行动分解，其目的就在于保障行动分解的质量，让 2013 年的成功扎扎实实奠定 3 年的发展基础。在会议的最后，所有管理团队成员包括常务副总裁杨永席基于行动分解的责任郑重地与董事长罗韶颖签订了个人绩效承诺书。

对东原地产集团的管理团队而言，2013 年的战略解码会议是破天荒的，足以载入公司发展的史册。公司第一次明确了战略，第一次用战略凝聚了团队，第一次用战略解码把行动转化为每个成员的具体责任，也是第一次让团队成员掌握了战略管理的基本逻辑与方法。

从 2013 年开始，东原地产集团坚持于每年的 11 月左右召开战略解码会议，对本年度的战略执行进行总结，并对次年的战略进行部署与行动分解。每隔 3 年，公司会更新与修订下一个 3 年的战略重点与子任务。流程固化之后，公司招聘有战略管理能力的人员到位，战略管理职能得到进一步充实，公司逐渐形成了体系化的战略管理系统。

2015 年，公司实现销售收入 128 亿元，进入行业百强。2017 年，公司将总部搬迁到上海，实现了长三角、粤港澳大湾区、成渝经济带、华中片区的全国性布局。2018 年，东原地产集团销售规模突破 500 亿元（见图 P2-2），进入行业前 50，多次被业内评为"成长性领先房地产企业"和"最具产品力房地产企业"。

回顾东原地产集团过去几年的发展，罗韶颖董事长深刻地总结道："东原地产集团用 5 年时间实现了十倍增长，主要有三个原因。一是我们抓住了行业发展潮流，但是我们更为进取，在产品与服务竞争力上狠下功夫。我始终推动把创新打造成我们东原地产集团的竞争优势。二是我们有战略的前瞻和格局，敏锐地发现最重要的商业机会和管理风险。三是我们这个管理团队保持了相对的稳定，以杨总为代表的团队在经营管理上能发挥过往特长又能快速学习与进步，大家的默契度越来越高，团队能越来越高效地形成战略共识并扎扎实实地执行。房地产行业进入了新的发展阶段，竞争愈加激烈，但是基于我们的战略管理系统，我们有能力围绕城市生活升级特别是美好社区这个大主题，积极进行战略升级与转型，让公司的发展迈上新的台阶。"

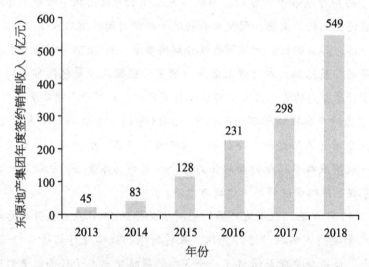

图 P2-2　东原地产集团 2013～2018 年销售规模增长情况

第三模块

战略执行靠组织、人才与文化

> 兵法上讲，凡明君出战必先有道，而后谋、断，再配以人才阵势，则天下可定矣！
> ——华为原移动解决方案总裁 张继立

如果说战略在选定市场领域时等同于选定了赛道，那么战略在执行时就必须面对"赛车"和"赛手"的问题。

"赛车"就是组织系统。根据战略行动的需要及时调整包括管控、架构、流程、机制在内的组织系统，才能保证企业在选定的赛道上按照既定的战略方向高速行驶。

"赛手"就是关键人才。根据战略排兵布阵，把合适的人才放在战略所需的关键岗位上，才能让"赛车"发挥最佳性能，实现"好马配好鞍"。

最后，特定的战略和新配置的人才队伍需要重塑文化与氛围，才能让组织全员处于努力实现战略的"求赢"状态中。

第 9 章

支撑战略的组织系统

战略管理的组织与流程

任何企业战略的实施,都必须在组织系统中进行及时的调整与变革。首要的问题是:战略的有效实施本身就要求在组织内形成系统管理。战略的年度"必赢之仗"的实施,以及 3～5 年战略周期内的战略重点推进,不能指望靠文档、个人绩效承诺书就可以兑现。

在"VUCA"的商业环境中,任何战略都必须通过不断地审视和调整,才能灵活地适应新的挑战。因此,这就要求在企业组织中必须对战略管理的治理、职责分工、过程管理、人员配置、激励与问责方面做出系统安排。

上市公司或者大型企业集团一般会成立公司战略管理委员会,在董事会层面制定与管理公司的战略。CEO全盘负责战略的执行。这些公司甚至专门设置一个首席战略官（chief strategy officer，CSO）或者副总裁（vice president，VP）职位来分管战略，而战略管理部或者经营管理部则有专职的团队进行战略的相关研究、制定与系统管理。中小型企业没有这样的组织条件，但是同样可以在高管团队层面明确以"创始人＋总裁＋2～3个核心人员"组成的兼职小组进行战略的管理，然后在运营管理部甚至人力资源部这样的职能部门内专设一个岗位来承接具体的战略管理细节。

每年的10～12月是制定新战略的黄金时间。在这个时间段，当年的战略执行和经营基本上已经尘埃落定，企业对年底结果已经有十之八九的把握。承担战略管理职能的人员应该组织公司高管、战略管理团队设计当年的战略研讨会议，并有效实施战略澄清与解码，在12月底之前完成战略重点的滚动更新，以及次年战略"必赢之仗"的确认和行动分解。这样才能让公司的预算管理和绩效管理随之跟上，并动员全员在次年1月就进入新的战斗状态，争取实现开门红。以前大家常说"先紧后松"，就是因为担心公司员工会在春节假期后迟迟无法进入状态，导致年初的战略执行和经营落后于预期，加大了后半年的压力。现在来看，由于商业竞争的加剧和市场的快速变化，"先紧后也紧"将成为常态。

没有完全正确的战略，只有根据环境灵活调整战略才是正确的。战略的实施不同于日常的经营管理，它需要一定的时间来评估其是否在预定的轨道上以及有效程度，因此按照季度来进行战略的审视与调整是比较好的实践。战略检讨（审视）会议的严肃性与重要性并不亚于战略澄清与解码会议，同样需要精心筹划与安排。战略检讨会议要包含以下几个必备的内容。

（1）战略环境的变化，比如客户端、市场端和竞争对手端的动态和对公司的影响。

（2）公司各"必赢之仗"的具体推进情况。

（3）挂帅人和责任人上一季度战略实施表现和下一季度战略实施建

议，包括是否需要问责与调整人员。

为了避免会议内容的重叠与臃肿，通常第四季度的战略检讨会议与战略澄清和解码会议合并，会议的前端可以对整个"必赢之仗"的实施进行复盘与审视。

如果不是发生了重大的"黑天鹅"事件，让公司面临的商业环境发生了完全超出在战略规划期间分析和预见的巨变，那么公司的战略尤其是"必赢之仗"就要保持一定的稳定性。输入参数变了，过程与结果当然就要随之而变，这就要求企业能清醒地判断输入参数改变的性质和程度。比如，全球疫情的爆发彻底改变了动物养殖与加工行业的前景，这时相关企业必须从根本上改变原有战略，果断选择战略转型，另行制定合适的"必赢之仗"。对于一家房地产公司而言，即使某个月份地方政府出台了新的宏观调控政策，但是未必会对其当年"强化产品竞争力和提升运营效率"的"必赢之仗"带来根本性冲击，更不会给3～5年内实现"进入城市运营新领域"的战略重点带来变化。

在战略审视中，真正要关注的是"必赢之仗"推进过程中暴露出来的业务和管理上的问题，尤其是背后深层次的组织、人才问题。

战略引发组织变革

近几年，"组织发展"（organization development，OD）这个词比较火。背后的原因是我国不少企业发展到一定规模，就发现企业发展的瓶颈之一来自组织。但是，很多企业高层只是凭直觉感到现行组织并不能让企业的业务更顺畅、更高效，从而寄希望于组织架构调整以改善企业经营管理。

我在很多总裁班、EMBA班上做过一个测试。我问学员："当你听到'组织'这个词时，你想到了什么？"绝大部分人都会回答"架构"。其实，要想让企业从战略规划到解码出来的具体行动能付诸实施，组织的优化与变革就不能仅仅停留在架构上。一个完整的组织系统只有包括运营管控、流程、架构、关键岗位设计、机制等内涵，才能让企业从机体、机能到骨骼都符合头脑的驱动向既定的方向跑起来。所以，对很多企业而言，组织变革（organization change，OC）是企业战略制定者必须掌握的能力，也是 OD 的重中之重。

下面的案例说明了组织应该如何变革以适应战略实施的需要。

在图 9-1 中，我们可以清楚地看到，该企业采取了以区域事业部作为主要"作战单元"的运营逻辑。各区域事业部直接面对市场客户，配置了除研发以外的所有功能，具有非常大的经营管理权限。总部只是把研发的功能进行了集中，并在总部层面通过指导与支撑性的功能比如财务、人力资源等对事业部进行管控。

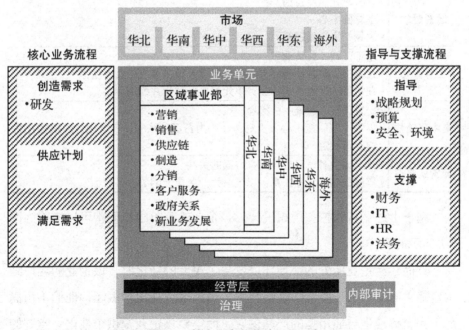

图 9-1　某企业变革前的组织形态

上述运营管控逻辑背后的战略原因如表 9-1 所示。该企业的核心产品是高度标准化的,可能是配方完全一致的饮料消费品,也可能是产品结构完全一致的工业设备,并不需要根据区域市场进行个性化开发,因此研发集中在总部管控,更有利于产品的持续高效开发与迭代,从而体现产品竞争力。各区域市场对于这种产品有庞大的需求,所以通过区域事业部的高度授权与差不多"车马炮俱全"的资源配置,让各作战单元面对市场的客户需求灵活反应、积极扩张以抢占市场份额,自主调整产能,甚至可以在区域内主动寻求并购的机会。所以,在这样的市场态势下,企业的战略、运营逻辑与组织设计是匹配的。

表 9-1 该企业运营管控逻辑的战略原因

战略	• 标准化产品打造竞争力 • 区域扩张获取增长 • 区域内并购
运营哲学	• 业务单元高度自治 • 小总部中心 • 少量的集中管控流程
业务单元	• 基于区域,自负盈亏 • 在总部大政方针指引下,各业务单元负责独立的业务流程 • 在财务的批准下,各业务单元可自行进行并购或合资
集中化流程	• 研发是唯一的集中化流程 • 集中一些职能中心负责财务、人力资源、法务、安全以及环境等方面的政策制定
经营层焦点	• 对区域业务单元进行财务方面的关注 • 年度战略计划及预算,以区域为业务单元明确业务目标

基于上述运营管控和组织设计,该企业的高阶组织架构可以描绘为图 9-2 所示的模样。

然而,当企业所处的市场环境发生了重大的变化时,该企业的客户结构也随之而变。有一些全国性甚至是全球大客户在迅速崛起,他们不再满足于完全标准化与通用型的产品供应,而需要该企业提供个性化、定制的产品与解决方案。与此同时,原有产品在各区域市场的竞争进入了新的发展阶段,同质化竞争导致供应大幅增加,市场趋于饱和,增长放缓。

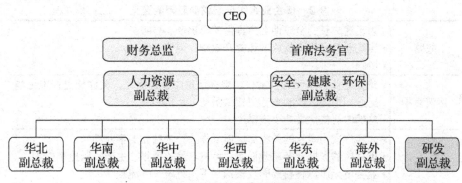

图 9-2 该企业的组织架构

这时,基于市场、客户以及竞争的新局面,企业的战略必须进行调整:从强调单一产品的竞争力与区域扩张转变为抓住大客户需求的新型产品与服务供应,以及对老产品业务的降成本与压缩。在新的战略主导下,如果沿用之前的运营管控逻辑和区域事业部架构,必然会带来以下几个重大障碍。

(1)在原有的自负盈亏、独立经营权责安排下,各区域事业部很难做到将客户结构中的优质大客户剥离出来交给总部新的部门进行集中管理,这样会贻误战机,难以满足这些跨区域的大客户的需求,让客户商机流失到竞争对手那里。

(2)企业除了在总部对大客户需要的新型产品及服务进行针对性研发,还必须通过营销的功能更好地理解客户需求并制定灵活的营销策略,直接面对大客户进行沟通与业务拓展。这些营销功能的复杂度和对及时性的要求都很高,是不能依靠之前分布在各区域的营销队伍来实现的。

(3)面对整个市场的销售下滑,原有的老产品业务必须压缩成本,因此企业没有必要在各区域市场重复建设产能。但是要让各区域事业部自行削减产能与控制成本,必然遭到抵触,从整个老业务来看很难在短期内见效。

因此,该企业必须重新梳理战略、运营管控、组织之间的逻辑关系,并对核心管理团队进行解释和澄清(见表9-2)。

表 9-2 该企业组织形态驱动原因的变化

战略	• 为迅速成长的全球性客户提供差异化产品与服务 • 传统业务必须降低成本和提升效率，谨慎并购 • 协同
运营哲学	• 减少给业务单元的自主权，更多地集中管控流程，关注通过标准化的配送，为跨区域的大客户提供服务 • 总部中心依然维持小规模
业务单元	• 大客户成为增长的关注点，但不作为一个独立的事业部 • 更宽广的区域业务单元设置：负责当地的销售、生产，以控制成本 • 业务单元可以在总部的政策指导下执行统一的流程 • 兼并与合资由总部策划，区域执行
集中化流程	• 五类集中化流程：①研发；②安全、健康、环境；③销售、市场；④供应链与制造规划；⑤配送与客户服务 • 集团中心在财务、人力发展、IT、法务以及新业务发展方向制定政策
经营层焦点	• 在区域与集中流程之间进行整合，以实现战略目的：发展关键客户、体现协同效应 • 通过年度战略规划及预算流程，明确经营重点；每月运营回顾会邀请集中化流程的领导人与区域负责人一道探讨改进业务计划

为此，该企业领导层果断采取了组织变革以支撑战略的实现：根据发展大客户新型产品与服务的需要，将更多配套的关键职能集中在总部；取消区域事业部的建制，仅保留在本地化开展业务的相应职能，弱化这些区域业务单元的权限，并把国内的几个区域合并为两个大区，关闭冗余的机构。变革后的组织形态如图 9-3 所示。

企业的高阶组织架构也发生了变化（见图 9-4）。这个变化意味着高层的权力结构调整。各业务部门和职能部门的定位都有了微妙的变化。

这个大刀阔斧的组织变革过程是痛苦的：对现有组织系统从运营管控、架构、流程、权责的全方位调整与优化，意味着动了很多人的奶酪。企业的高层领导团队必然要经历震荡甚至要面临人员大量流失。然而，这就是战略实施的残酷性。对于 CEO 而言，如果不能让组织变革来适应战略的需要，战略和分解的关键行动都将沦为空文，企业将面临错失大客户这一重大商机，并在原有产品步入生命周期后期的情况下陷入经营业绩持续下滑的颓势。

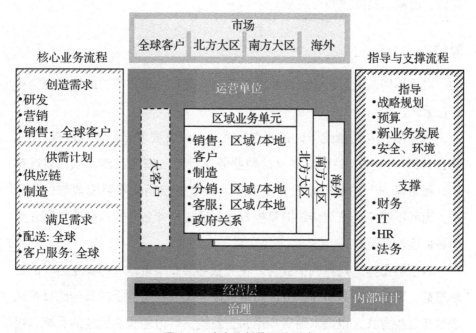

图 9-3 该企业新的组织形态

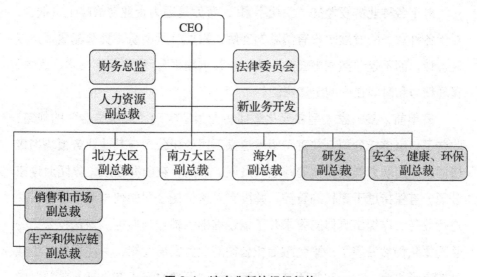

图 9-4 该企业新的组织架构

企业想要构建与优化能有力支撑战略实施的组织系统，需抓住管控、架构、流程、机制这四个关键。

管控

对于不同的业务，企业应根据不同的战略定位采取不同的运营安排和管控原则。

对于刚进入的新业务，企业在战略上一般会要求尽快实现规模扩大、抢占份额。这种战略定位要求这种业务在运营上高度灵活，以"靠近市场、靠近客户"的原则来设计业务单元，根据市场的需要配置与优化资源，因而不能完全按照传统的管控方式，通过设计各种规章制度控制业务的各种运营细节。

对于孵化型、跨界的新业务，企业领导层如果秉承"打造生态"的战略思维，尊重其业务所在产业的发展规律，那么在管控上的最佳选择是采取财务管控方式，以追求财务规范和企业投资价值增长为管控的目标，仅仅在财务管理和董事会治理上介入。

对于各种业务管控的"手松手紧"，背后是因为企业在战略上有取舍，对于各种业务的发展阶段有清晰的理解，需要有所侧重，资源配置紧跟战略设计，而不是"撒胡椒面儿"或"一碗水端平"，稀释包括资本、人才、管理精力和时间在内的宝贵资源。

多年前，某一家大型多元化集团企业为了实现"产融结合"的战略，收购了一家信托公司，并寄希望于这家下属信托公司与其他业务板块积极协同，从而助力集团整体的跨越式发展。然而，在收购之后，集团对这家公司一直保持过于宽松的管控，并没有对该信托公司如何与其他业务板块进行业务协作提出具体的要求并予以过程中的辅导与监控。该信托公司的管理团队仍然沿袭了一家金融信托公司的业务发展逻辑，关注最能产生效益的市场机会，对于和集团其他业务板块"既费时又不产生最佳效益"的协作并没有上心。后来，在集团高层的战略反思会上，董事长明确提出"对业务单元的管控没有跟上战略，信托公司今年的经营业绩创了历史新高，但是这不符合我们收购的战略目标，必须尽快整改"。

这个案例深刻地揭示：管控的逻辑其实就来自战略。对于有多种业务组合的公司而言，对局部业务进行管理与控制必须符合全局的需要，而不是简单看各业务本身的效益。

架构

经过多年的商业教育普及，现在我国的企业管理人员对于各种组织架构都比较熟悉了，经典的无非职能制、事业部制、矩阵制、混合制等。

但是，在组织架构的设计与变革方面，如果不能紧扣企业战略需要，就会陷入如下几个困境。一个困境是"不懂装懂"的跟风。很多所谓事业部并不具备完整的价值链、自主经营与独立核算的可能性，其本质仍然是一个业务部、项目组或者职能部门。企业领导层在对事业部架构的根本内涵缺乏理解的情况下，在企业亟须集中内部各种资源、通过提升职能能力来体现效率的情况下，盲目推行事业部制，反而给企业内部带来混乱，与战略的需要背道而驰。有些企业甚至把人力资源部改名为"人力资源事业部"，真是令人啼笑皆非。组织架构设计与变革的另一个困境是"知其然而不知其所以然"。

某年营业额几十亿元的包装企业出于对我国民营企业标杆华为的推崇，邀请曾为华为做过咨询项目的管理顾问为公司设计和实施了所谓"端到端"和"事业群＋业务单元"的组织架构。短期内，公司出现了包含各种区域公司、职能中心、行业事业群和业务单元的复杂架构，原有的以区域为主的运营逻辑不再清晰。客户怨声载道，吐槽现在和企业的对接变得非常混乱，转而与该企业其他竞争对手合作。公司内部的各种流程、权限与工作关系也因为这个新型架构进行了各种调整而有所变化，内部效率不升反降，工作责任界定不清。

我把这个现象叫作"小马拉大车"。该企业在业务规模、人员能力、管理成熟度等条件都还不具备的情况下，照搬了千亿元级大企业的架构，但是忽略了业务性质与战略的差异，没有真正理解"端到端"其实是强调"以客户为中心、进行流程优化和满足客户需求的效率最大化"的理念。架构的设计可以体现这一理念，但并不完全存在"端到端"的组织架构。

这家企业的战略制定者最应该思考的是：为了实现行业内绝对领先，什么样的组织架构最有利于抢占市场份额，打造来自客户亲密或科技的竞争力；在行业应用、区域和职能这三个维度上，以哪个维度为主来构建组织架构最有利于公司战略的执行和整体运营效率的提升。

在选择组织架构匹配战略方面，企业创始人或CEO要非常清醒与务实。

近年来，在创业创新的热潮下，很多企业提出了打造"平台型"组织的口号。殊不知，企业创始人或CEO本身没有经历过比较多的组织类型，企业自身的组织能力还处于比较薄弱的阶段。这时，根据战略的需要，单一业务企业扎扎实实做好职能制，发展较快的企业把集团化运作做好，多产品服务和多业务组合的规模化企业让事业部制或者矩阵式架构运行顺畅，已经是很不容易的事情。在没有深刻理解"平台型"组织的构建难度之前，企业不要急于推行组织的变革，好比"没有学会走路就开始跑"。

打造平台型组织往往意味着企业的中后台部门具有一定的成熟度，能为前台业务团队拓展商业机会，提供共享的服务支撑；前台业务团队具有高度的授权，能在市场中积极发掘客户需求，并在企业内部拉动相关部门与人员进行产品与服务的交付。在这个过程中，各种业务团队面向客户时，彼此之间是平等的市场化关系，与中后台部门之间具有协作与代表客户需求来推动业务的作用，"客户"取代了"领导"，"控制"更多被"赋能"与"协作"所取代，企业的组织形态从科层式金字塔型变成了倒金字塔型。

这样的组织形态适用于：首先是企业正处于积极寻求各种新兴商业机

会的阶段，战略上要求通过开发各种新型产品与服务实现快速扩张；其次是企业内部的各种职能和人员具备了相应的能力和成熟度，在意识上和行为上能适应组织形态的角色要求。

如果一个企业在运行职能制架构时已经出现了各种人员能力问题和协作问题，这时盲目推行"平台化"就必然引发灾难性的后果。

流程

战略的实施必然带来业务流程和管理流程的变化，因此流程必须根据战略及时做出调整和再造。

对于小规模企业而言，其流程并不复杂和固化，这个任务的压力比较小。但是对于上规模、业务多元化的企业而言，这个任务就变得困难重重了。比如一个企业推行转型的战略，从2B的业务模式转变为2C，那么目标客户、销售模式、供应链、人力资源管理等都面临着完全不一样的流程。

在这个方面，我的建议是：如果企业的主营业务性质没有发生根本变化而战略推动流程改变，那么在这种情况下要有专门的小组及时进行流程优化，原则是不出现流程变得膨胀与冗长的情况；如果企业的战略是转型，那么企业需要规划重构的时间，重新设计流程。学习标杆企业的成熟流程可以节约时间，即便如此也必须容忍新老流程替换的局部不清晰与混乱。企业的战略管理者必须配置相应的沟通与快速反应手段，在新流程合理性得到测试验证后快速固化。

机制

提到企业的机制，很多企业管理者会简单地将其理解为激励机制。其实，企业组织运行的机制决定了企业各要素的结构关系和运行方式，包括企业价值从创造、评估到分配的原理和基本规则。

比如，最近比较热门的合伙人机制，就不能简单地将其定义为另类的股权激励。

如果企业实施"平台型"战略，或者面向商业环境中的更多利益相关者"打造生态"，那么这些战略就要求按照不一样的方式界定企业与合作者的关系、企业内部关键人员之间的关系。真正意义上的合伙人意味着基于价值观一致性和战略一致性，采用平等、去中心化的原理确定商业利益和责任。合伙人不一定是个体，也可以是一个机构或者群体。

知名房地产企业万科集团近年来正在积极谋求转型，不再把自己定义为房地产企业。为了让企业内部人员真正在思想意识上、技能上和行动上朝着更多的商业领域行动起来寻求机会，同时让企业外部的相关人员参与到万科转型的过程中来"共谋大业"，万科集团在推行战略转型的同时也开始实施配套的合伙人机制。很多原来的职业经理人发现，自己在成为事业合伙人之后需要更多地独当一面，在某个领域积极寻求做大事业的机会，做事业过程中的"责""权""利"和以前完全不一样了。从目前万科集团转型的进程来看，实行合伙人机制无疑是正确的选择，它重塑了万科集团这个庞大组织的各种内部关键要素的结构关系，特别是关键人员的角色定位，产生了战略转型所需的积极作用。

再举个 SL 公司的例子：SL 公司为了抓住新的业务机会，采取了事业部的组织模式，并针对设计可视化、城市展览展示、企业数字营销等业务成立了事业部。各事业部自行在各个区域成立机构以拓展业务。事业部这种高度授权、独立核算与面对市场的组织模式让企业数字营销与城市展览展示等新业务快速发展起来。然而，单纯的事业部制度会让事业部负责人将注意力集中在自身的业务拓展与发展上，从而忽视与其他事业部以及集团总部的沟通与协作，容易导致"各扫门前雪"以及"山头主义"。就 SL 公司而言，新业务的事业部都面临一个具体的挑战：新业务都需要 CG 技术的支撑，而 CG 技术与人才主要沉淀在设计可视化这个事业部里。比如，城市展览展示事业部在给客户的整体项目解决方案里，必须有很强的 CG 技术和人员支撑，而自己培养人员和积累技术经验需要很长时间。它如果和设计可视化事业部进行内部合作，可能会因彼此对项目的重要性认知不一致而导致不愉快；如果和外部的机构进行业务合作，就要接受更高价格并面对磨合的风险。就这样，事业部在各种业务快速成长与内部吐槽声音不断的情况下磕磕碰碰地发展着。

集团为了解决这个问题，让事业部制度对战略发展形成更大支撑并减少内部管理成本，在组织上采取了一系列措施。

首先，集团成立了一个协作委员会，包括集团总裁、事业部负责人、集团运营管理负责人与人力资源负责人。委员会订立的原则是：以既定的公司战略为核心，评判事业部协作出现的利弊选择；就事业部之间的合作设定多方接受的价格和调价机制；把事业部负责人的协作性作为考核、轮岗与晋升的重要评价内容。对于跨事业部合作的重大项目，集团会设立专项的奖励。在事业部负责人带头做榜样的情况下，各事业部鼓励与其他事业部协作，涉及协作的经理人员的表现纳入绩效评估内容中；向其他事业部输出人员的，可以得到更多编制增加指标；主动参与跨事业部业务并做出贡献的，会得到全集团范围的认可与奖励；调整跨事业部的重大项目管理机制，由集团指定项目经理并给予项目经理更大的项目管控权力。

SL公司的这一系列措施涉及组织管控、架构、流程与机制的方方面面，但是始终清晰地围绕公司的发展目标与战略而展开。

因此，战略一致性是组织变革取得效果的大前提，而战略的成功反过来又是衡量组织变革的根本性指标。企业如果缺乏战略一致性，单纯为业务的收益而进行组织变革，那么很难起到治标治本的作用，价值链之间和业务单元之间会陷入日复一日、旷日持久的合作争议中，人与人之间的工作关系也变成了纯交易型的关系，难以形成一个凝聚而高效的组织。

第 10 章

为战略持续优化人才队伍

将才对战略实施的作用

战略上特别强调"排兵布阵",意味着要取得战争的胜利,把什么样的部队放在什么样的位置是取得胜利的关键,而是否拥有一批善于带兵打仗、有勇有谋的将才则是关键中的关键。

中化集团董事长宁高宁说:"人是战略和执行的最大连接点。"他在战略执行过程中建立了"6S"管理体系,其中的管理团队及经理人评价体系特别强调了要把合适的人放在战略关键环节,并对他们带领团队的能力、创新能力和潜力进行综合评价。他将企业经理人分为五种类型。

第一,守业型。守业型经理人喜欢管大公司,好像他天生就是当官的料,来了之后基本能维持公司的发展。他有职责,朝九晚五,对人也不错，不贪污不腐败，什么会都开，发言按稿念——都挺好，没问题，规模守住了。但是守住就意味着落后，因为别人进步了，市场进步了。

第二，效率提升型。效率提升型经理人会在内部搞管理改革改善，以提升效率，比如成本降低、产量提高、销售费用降低等。这个算不错的经理了。

第三，业务扩展型。业务扩展型经理人有发展欲望，要占据大的市场份额，要竞争。他会建新的工厂。他会说："你看竞争对手×××又提高产量了，又投资了。人家又建新厂了，我们也必须得建，我们不建就落后了。"说得对吗？很对。这就属于业务扩展型经理人。虽然他们没有真正给行业带来革命性的转变，但是也让企业在发展。如果他们运气好，所处的行业是一个发展非常快的行业，那么他们也能取得一定的成功。但并不都是这样的结果，因为他们也不知道哪天行业会转变。

第四，战略转型发展型。战略转型发展型经理人会研究战略转型，特别是创新技术、行业转型，会不断有新的主意。这类经理人不会做重复建设，不会打价格战，而是一定会有所创新。这是非常难得的经理，比较少见。

第五，可持续发展组织再造型。可持续发展组织再造型经理人会打造一个学习型、创新型、可持续发展的组织，他在或不在都可以。组织本身从精神理念的发展到业务专长的发展都非常完善。这样的经理人更少见。

在这五个层次的经理人中，宁高宁认为层次越高的经理人对企业进步带来的推动作用越大，也就是说，只有从单纯做好事、做好业务上升到推动企业战略实施和持续成长，经理人才能最大限度地体现其价值。

然而，在现实中我遇到的大部分企业创始人或CEO往往会发出这样的抱怨："我现在看到遍地都是机会，但是我在企业里找不出一个合适的总经理来抓住这个机会。"据统计，在企业战略执行过程中，"缺乏战略所需的关键人才"是企业高层最关心和最头疼的问题。

为什么企业可以制定出接近完美的战略，却因为缺少合适的人才而使其沦为空谈？这里的逻辑不能是"因为我们制定了现有人员无法企及的战略"，所以要从现有的人员结构出发去修订战略。真正能带来巨大回报的战略一定会倒逼企业面对现在的人才短板，采取措施优化人才结构，这样才能形成"新的人才队伍执行战略并推动企业进入下一个战略发展阶段，下一个战略发展阶段要求人才队伍再次优化提升"的良性循环。

关于人才在碧桂园战略发展中的作用，有一个广为流传的故事。

碧桂园于 2007 年在香港实现上市，使其创始人杨国强的家族成为中国最富之一。但是，由于杨国强长期依靠亲友创业，他又事无巨细、亲力亲为，导致企业的发展没有跟上行业的节奏，公司很快面临巨大的挑战，经营业绩下滑导致股价迅速走低。

杨国强陷入了苦恼。虽然他经常谦逊地跟别人说自己是"农民洗脚上田，高中没有毕业，文化不高"，但是他并不满足于取得巨额财富，而是一直梦想着让碧桂园能保持高速成长，变成世界级企业。为此，他开始意识到，身边缺乏优秀人才是自己无法摆脱亲力亲为的根本原因，这已经成为公司和自己成长的瓶颈。

他学习刘备"三顾茅庐"，先是亲自去深圳，通过多次面谈和邀约，请来了彭志斌负责整个集团的人力资源管理，并在 2010 年把中建五局的总经理莫斌挖来担任总裁，开始引入职业经理人担任高管。2013 年春，当他去请教中国平安保险集团董事长马明哲中国平安高速成长为财富 500 强、管理万亿元资产的秘诀时，马明哲说："我能有什么秘方，就是用优秀的人。我这儿有很多年薪千万元以上的人。"

杨国强受到启发，回去后跟彭志斌说："我给你 30 个亿，你去给我找 300 个人来。"他痛下决心，开始组建以职业经理人为主的新管理团队。

2010年年初，杨国强陆续从中建、中海挖来朱荣斌、吴建斌担任联席总裁和首席财务官，形成了"一强加三斌"的顶层管理架构，管理团队开始大换血。经过良好训练的职业经理人逐步取代了亲友，碧桂园开始执行"区域扩张，提升周转效率，向农业、机器人等新产业领域进军"的发展战略。

同时，集团采用了"成就共享""同心共享"等人才激励机制，通过合伙人制度，实行项目跟投与大手笔的股权激励。该机制被称为业内最有激励性的机制。

2010年，碧桂园的签约销售额为329亿元，2016年达到了3088亿元，实现接近10倍增长，并进入了行业前三。2018年，碧桂园的销售额达到7287亿元，稳居行业第一。最值得惊叹的是，碧桂园已经在机器人、农业、教育等其他产业取得了多元化的优异成绩，整个集团现在有超过1000名博士，人才结构已经实现国际化。

战略引发的人才结构优化

企业在战略执行过程中进行人才结构的调整与优化适配，需要把握好三个关键：确定与战略匹配的人才标准、人才盘点、人才引进与培养。

特定的战略会对执行战略的人产生特定的素质要求。因此，企业要根据战略特性明确新的人才标准，以此来考察、评价和选用关键人才。

举例而言，某一家国内企业的原有主营业务是开发与制造POS机，后来该企业发现在POS机硬件供应之外，可以通过收单业务带来新的利润增长，但是原有的团队中缺乏熟悉收单业务的领军人员。之后企业又发现了在给众多商户提供POS机及服务过程中衍生出来的小额借贷的商业机会。

就在企业战略不断演变的过程中，原有的"关注成本与质量"的经理人能力标准已经完全不适应新的经理人选拔与任用的需要，"商业敏锐度""与商户打交道与建立关系"这些新能力标准成了企业内部提拔人才与对外招聘人才的关键。

在这个过程中，有人会认为这是人力资源部门专业性的"素质模型"构建。我的忠告是，由于这个过程关系到能否为企业战略实施确定相应的人员标准，事关重大，因此绝对不能停留在人力资源部门专业操作层面，应该由企业领导团队尤其是创始人和 CEO 投入足够的时间与精力，和管理团队以及人力资源专业人员共同研讨与确定。拿出战略解码的劲头来做好这件事，有助于战略制定者看清楚现有人员标准和结构与战略实施之间的差距。从人才标准的角度做好人才这一企业第一资源的配置方案，可以保障企业在打仗过程中能准确选用将才与专才，取得一场又一场"必赢之仗"的胜利。

"马谡失街亭"就是一个绝佳的案例。街亭之战，要在复杂的山区环境中守住阵地，需要的战略是因地制宜，选择最有利的关键位置，灵活进退，从而牵制对方。这样的战役需要有足够实战经验且熟悉山区作战环境的将才，而马谡作为一个长期"纸上谈兵"的参谋型人才，并没有这方面的实战经验和现场指挥能力。他在粮草和支援有限的情况下错误地选择了山上扎营，又刚愎自用不听下属建议，结果被实战经验丰富的司马懿包围，被切断了粮草供应，导致惨败。其实，这个故事背后最大的失误是诸葛亮没有根据战略需要，明确最适配的干部素质，并选择合适的人才承担战略任务。

根据战略更新人才标准才能有效地进行人才盘点。常用的"九宫格"方法就是根据绩效和人才标准这两个维度，将企业内部关键岗位任职者放入九个区间，研究人才分布结构的合理性，并采取不同的人才管理措施，促成人才的合理流动，从而让人员与岗位适配，整体人才队伍素质持续提升。图 10-1 是腾讯等公司普遍使用的典型的人才盘点九宫格。

图 10-1　人才盘点九宫格

企业在战略执行过程中应进行以不超过季度为周期的定期审视。面对一些"必赢之仗"的关键行动，如果负责人在一个季度或最多两个季度内始终无法取得预期的进展或成果，就会导致整个行动的停滞并影响全局。这时企业必须敢于迅速调整人员，根据之前人才盘点的结果，把"表现出色""中坚力量""明日之星"或者"超级明星"派上去。

在现实状态中，这种关键岗位人员表现不佳的情况暴露出企业长期以来人才管理的短板。企业要么没有及时发现任职人员与战略行动之间的能力差距，要么苦于找不到替换的人才，因此只能容忍因为关键岗位人才的问题而贻误战机甚至阵地失守。

某家新型农药公司确定了"自建销售队伍，下沉一线，抢占规模农户"的战略，力图摆脱过往受制于经销商的困局。然而，在战略执行过程中，销售总监对这么大的变革动作颇有微词，觉得要耗费企业众多资源，"吃力不讨好"，而且在组建销售队伍打硬仗方面明显缺乏关键领导能力和经验。在企业进行季度的战略审视时，他通过各种办法粉饰自己的推进不力，不断"甩锅"与表决心。微妙的是，这位销售总监还是董事长的亲戚。就这样，原本可以给企业带来长久竞争力的战略行动因为一个关键环节的人员问题，被长期拖延没有进展。两年后，竞争对手纷纷完成了自建销售队伍和抢占规模农户的动作，该企业董事长才痛下决心，将销售总监换人。

他痛心疾首地跟我分享："虽然两年前发现情况不对，但立即换一个年轻人上或者外部招聘职业经理人可能会导致销售有影响。但是两害相较取其轻，贻误了企业战略落地，这个长期的损失更大，所以战略执行之前就应该做好人才的积累。"这段话很好地诠释了"人才在战略之前"（people before strategy）的内涵，值得每一个战略制定者深思。

通过广泛的人才盘点发现，面对有潜力的人才就应该不拘一格，企业可大胆启用。"猛将必发于卒伍，宰相必取于州郡。"具有一线实践经验，对于市场、客户需求和竞争始终体现出很高敏锐度，又能够体现出对公司战略的理解和认同，这样的人才就具备了在"必赢之仗"中发挥"炸碉堡"作用的潜力。这就要求企业创始人或 CEO 把发现组织内外部的人才当成自己的战略功课，作为自己战略制定环节的要素之一，并花一定的时间和精力去指导企业的人才梯队建设。

战略实施中的能力建设

为了战略的实施，组织和人员的能力要匹配。能力的建设有三个基本方法。

（1）外购（buy）。外购指的是从外部引进，比如通过猎头寻找与战略匹配的关键人才，通常是高管或者专业技术带头人。这方面需要提醒的是，避免被简历光环所误导。企业合作的猎头以及企业的人力资源总监往往对企业的战略理解不深，因此在外请的过程中企业战略制定者一定要与待聘人选进行战略上的探讨与推演，确保候选人有企业战略实施急需的关键能力，特别是针对企业内部实际情况推动战略实施的思路、计划与行动能力。

（2）自建（build）。这意味着企业要通过系统的培训与赋能，让现在缺乏战略关键能力的人员迅速弥补短板并增强能力。然而，对于一些战略性的关键素质，这种能力的建立需要相当长的时间。企业战略制定者要非常清醒地看到，对于转型的战略而言，有些"基因"层面的能力很难在企业内部通过培训建设。比如，我国有一批企业在推行国际化战略过程中，依靠从企业内部选拔人员外派的方式来扩展国外市场，但是这些长期习惯于国内市场的经理人在海外市场会面临在语言、文化和当地市场规则等方面的不适应。这种单纯外派的实践让企业交了很多学费。相比之下，个别企业一开始就针对国际化战略招聘市场本地经理人，特别是当地大学毕业的中国留学生或者熟悉中国市场的当地同业职业经理人。对这些人才进行企业文化的融合，企业就能依靠他们在海外市场迅速打开局面并快速发展。

（3）借用（borrow）。借用指的是通过学习借鉴、聘请顾问的方式，推动企业战略执行中的能力建设。经历了30多年的商业化进程，我国已经涌现出一大批具有丰富管理、专业和业务经验的企业老板和职业经理人，他们中有些已经退休，或者转为独立顾问。企业如果能找到这样的资源，那么就可以借用他们在相关领域的经验和能力，指导与推动本身的关键能力建设，获得事半功倍的效果。

我有一个培养关键战略能力的方法，值得推荐给企业战略制定者作为参考。企业制定战略，往往意味着要让企业员工面对没有经历过的事情，特别是制定转型的战略。在这种情况下，战略行动分解到某些关键岗位人员时，他们内心其实是忐忑的，缺乏有效应对这些战斗的心理准备，对于自己在战斗中可能有哪些短板也未必清楚。作为企业战略制定者，把这些重要的战斗任务交给这些关键岗位任职者，无形中也在进行赌博。

怎么办？

这时，"军事演习"能起到很好的评估与训练人员的作用。

在国际上，这种方法被称为测评/发展中心（assessment/development center）。其基本原理是根据企业的战略规划，设计战略实施过程中的重要场景，通过1~2天的时间，将某些关键岗位人员安排进入这些场景，与角色扮演者进行模拟的互动，并由专业的测评师通过不同的观测方法观察这些关键岗位人员对于战略性重要任务的应对。这就是典型的测评中心。如果在过程中或者场景模拟之后安排教练对这些关键岗位任职者进行集中的辅导与训练，就称为发展中心。

虽然，设计测评/发展中心具有很强的专业性，既要理解企业的战略，又要把这些战略体现在各种与企业实际相符的业务和管理场景中，还要配备相应的对练人员和设备，成本高、投入大，但是从效果来看对企业绝对具有很高的回报。

2010年，我在曾经任职的国际管理咨询公司为我国最大的多元化企业集团华润集团设计测评/发展中心，以帮助该集团为战略转型评估与发展高管人才。

根据华润集团的七大战略业务板块和集团整体"从贸易商转型为多元化产业领导者"的战略要求，整个项目小组参考了全球大型多元化集团企业的相关经验案例，并深入华润集团的业务一线，设计了一整套适度前瞻又符合华润集团业务需要的测评/发展中心，包含了并购、产业进入与退出的决策、产业链整合、重大投资、调整公司业务组合、组织变革、外部联盟等战略性的关键场景。

集团30多位高管轮流进入测评/发展中心，各自在两天的时间内，马不停蹄地接受各种场景切换和真人模拟的对练，而集团领导班子则通过设备远程观察他们在场景中的表现，最后再对他们进行集中的点评与辅导。参与的高管们纷纷感慨："这个体验太宝贵了！让我们提前感受到了集团未来的变化和我们真正要面对的挑战，看清楚了自身的短板，警醒了我们要迅速和准确地调整自己，做好战斗准备。"集团时任董事长则说："这个方法让我们能更有效地评估战略实施过程中应将哪些人放在哪些关键的任务上。这些投入是非常值得的。"

第 11 章

战略驱动的文化重塑与升级

企业文化对战略实施的重要作用

华为创始人任正非说,"物质资源终会枯竭,唯有文化才能生生不息",强调了企业文化对一家公司的重要作用。企业文化是指企业在实践中逐步形成的为全体员工所认同、遵守并带有本企业特色的价值观念。企业文化的内涵包括企业推崇的精神、经营准则、自我定位、发展愿景等,从根本上回答了企业"是什么,存在的意义,做什么和不能做什么,什么对企业最重要"等这些宏观与决定性的问题,所以华为在成立初期就用《华为基本法》这样的宪章性文件来对企业文化内涵进行明确的描述。

在战略从规划、解码到执行的过程中,企业文化更加凸显出其重要性。

举例来说，在企业实施战略性并购时，有经验的企业战略制定者会把文化的兼容性放在尽职调查、过程谈判和并购后举措的具体考量中。以获取矿产、土地、牌照等资源为目标的并购，这方面的压力要小很多，但对于并购运营型、人才密集型公司，并购方的文化能否有效传递到被并购方并使其接受，则是并购能否成功的关键一环。这一点在大量的国际化并购案例中体现得淋漓尽致。

某一家中国化工企业推行了"全球化布局"战略，为此并购了法国的一家研发能力很强的小型化工公司，此举得到了业内和资本市场的一致好评。然而，这家长期秉承"艰苦奋斗，为组织成功牺牲个人得失"理念的企业在并购后迅速发现双方在企业文化方面有重大差异。法国公司员工一直强调其"生活与工作平衡，寻找研究乐趣"的社群文化，所以很快对中方的文化和相配套的管理理念及制度产生了不理解与反感。最终的结果是该法国公司员工通过抗议、罢工等行动以及该国的工会及劳工保障法律等，让公司的融合与业务陷入了停顿。一年之后，中方将该公司股权再度转手给另一家欧洲企业，接受了这次并购的失败。

在企业发展第二曲线的情况下，新老业务需要企业文化对战略形成重要的支撑，如果处理不当会带来严重的后果。

某中国大型猎头公司为了实施"打造企业服务平台"的战略，开始内部组建管理咨询、企业金融服务等团队。然而，原有猎头团队成员很快对新团队抱怨不断，因为猎头业务是运营型的，大量的猎头顾问每天要朝九晚五、忙于各种简历筛选与人选电话沟通；而管理咨询业务则是项目型的，顾问们根据项目需要忙于出差，回到公司后又会采取比较灵活的不定时上班制度。这些团队在业务活动、上班时间、薪酬激励上的各种差异很快集中反映到文化冲突上。猎头强调"勤奋"文化，而管理咨询和企业金融服务则强调"精英"文化，这让公司领导层头疼不已。遗憾的是，后来公司创始人没办法，只好把不同团队安排在不同的大楼办公，而没有试图从公司整体文化上寻找能有效覆盖与融合这些企业服务的途径，比如强调"基于客户第一的跨业务协同"。

很多时候，企业在实施其特定阶段的战略时，有必要重新审视其文化的适配性，进行文化的重塑与升级。

举一个例子，如果某个企业之前在相当长的时间里处于平稳的发展期，奉行"家文化"，强调企业内部人与人的和谐关爱，在订单稳定的情况下，企业价值链的各个部分都比较成熟并能相互协作，那么这种文化与企业的发展状态是适配的。然而，一旦企业的商业环境发生重大变化——行业周期性调整，下游客户订单锐减，竞争变得激烈，企业制定了"一方面压缩原有业务，另一方面开始杀入新业务领域"的战略，这时既需要全体员工面对原有业务，直面矛盾与冲突进行突破，又需要他们针对新业务高度进取、敢于竞争，那么原有的以温和、关爱为特征的"家文化"伴随的回避矛盾、照顾他人感受多于驱动他人变革的价值观与行为就显得格格不入了。这时，企业可能会需要所谓的"狼文化"。

如果没有把战略与文化之间的关系阐述清楚，及时对新企业文化进行诠释并具象到价值观与行为要求上，就会导致新老文化之间的冲突，让员工陷入无所适从的乱局。

根据战略重塑文化

那么，如何进行企业文化的审视并根据战略对其进行再定义和推广落地呢？

首先，针对企业文化的核心部分，即"愿景""使命""价值观"，观察企业的战略能否让企业离开原有的赛道。

企业进行战略转型，通常意味着企业的定位和主营业务发生了根本的变化。在这种情况下，企业长期发展的愿景（企业是什么和到哪里去）和使命（企业本质上在做什么）需要进行"推倒重来"式的制定。

比如，一个公司从工业制造业转型进入健康养老产业，其长期发展的定位与逻辑发生了根本改变，服务的客户从 B 端的企业客户变成了 C 端的老年消费者。在这种情况下，再强调"以成本质量为核心"的企业文化当然不适合。"以关爱和客户体验为核心"的企业文化才能让员工理解所做的一切努力都是为了让企业进入健康养老领域并发展为其中的重要一员。

如果企业的战略是在原有的业务领域中进行升级，比如相关多元化，那么"愿景""使命""价值观"不需要彻底进行重塑，而是进行适度的修订，凸显出新的适配性即可。

比如，一家女装服饰企业通过强化时尚设计、介入男装童装等新品类、上下游整合等手段将公司升级为多品牌、多品类的时尚消费品公司，其原有的"让客户更美丽"的使命会调整为"让客户更时尚"，"成为中国女装领先企业"的愿景则可以调整为"成为中国领先的时尚公司"。但是由于战略不会对员工的价值观和行为产生重要影响，因此企业文化在价值观层面不需要进行调整。

新构建或者升级企业文化，基本的方法有两种。第一种是公司灵魂人物甚至精神教父（如创始人或者 CEO）把自己对企业的顶层设计思想以及个人的追求锁定在一些极具个性的企业文化描述里，通过强势的向下传导与长期持续的宣讲，逐步渗透到企业的规章制度里，影响员工的意识与行为，然后再进行归纳和提炼成型。我把这种自然形成的方式叫作"先做再写"。第二种是公司高层领导经过个别访谈与小范围讨论，安排外部咨询公司与公司内部人力资源部等，按照一定的格式规范，形成系统的企业文化文档、标准和宣传物料等，然后有意识地根据这些企业文化去制定落地的细节，比如规章制度的修订和员工的执行规范评价等。我叫这种方式为"先写再做"。对于初创型企业，如果有清晰的战略，公司核心团队也能迅速在企业文化方面达成一致，不妨考虑用第二种方式。这会更有效地形成公司"精气神"的完整表达，有利于对外吸引人才，对内在规章制度未必规范的情况下对员工行为进行有效指导。

【第三模块小结】

战略管理的第三环是战略执行，它也是战略是否发挥作用的最关键环节。在 3～5 年的战略周期里，战略执行部分要用 90% 以上的时间。在战略规划清晰，战略解码有效将战略在组织内层层分解到位的情况下，战略的长期执行考验的是组织、人才与文化对战略的匹配与支撑程度。战略驱动组织从管控、流程、架构、机制各个方面进行全面而及时的变革。新的组织里最关键的岗位承载着战略变现的重要责任，所以企业必须通过对人才的盘点与重新布局，实现人员与战略任务的匹配。人与人之间需要通过企业文化来进行价值观和行为的协调一致，这就需要根据战略来调整甚至重塑文化。

模块案例三

博腾制药支撑战略的组织与人才升级

重庆博腾制药科技股份公司（以下简称博腾制药）成立于2005年7月，是一家按照国际标准为跨国制药公司和生物制药公司提供医药定制研发生产服务的高新技术企业，主要服务于临床试验至专利药销售阶段的创新药，服务的药品治疗领域包括抗艾滋病、抗丙肝、降血脂、镇痛、抗糖尿病等。2014年，公司在创业板上市，当年营业收入9.87亿元，净利润1.23亿元，员工人数1248人。彼时，公司的主要业务是合同定制生产（contract manufacture organization，CMO），即接受制药公司的委托，提供产品生产时所需要的工艺开发、配方开发、临床试验用药、化学或生物合成的原料药生产、中间体制造、制剂生产（如粉剂、针剂）以及包装等服务，主要客户包括强生、吉利德、辉瑞等跨国制药公司，其中强生和吉利德是最主要的客户，业务占比高达56%。

公司总部位于重庆，行政管理部门集中在渝北区上丁企业公园的一栋办公楼里办公，两大生产基地则部署在重庆市郊区的长寿及水土的高新园区，研发团队则分布在重庆、上海、成都及美国和欧洲等地。

公司在上市时，领导班子包括：董事长（创始人之一），总裁（公司被博腾制药并购后加入），分管生产、研发和质量的副总裁，首席财务官，人力资源总监等。公司采取了典型的职能式架构，但是由于研发等职能团队散布在国内外不同地区，而且 CMO 业务对生产和质量要求更高，因此，公司对生产运营的管控要更严格，而对研发等职能则相对宽松。在两大生产基地，质量、人力资源、财务等职能人员实行矩阵式管理，实线汇报给生产基地总经理，虚线汇报给总部的职能负责人。

2015 年，公司陆续与 IBM、合益集团等国际咨询公司开展合作，雄心勃勃地制定未来 3～5 年的中长期发展战略并进行相应的组织、文化与人才体系变革。公司领导班子通过讨论，确定了公司愿景："成为世界创新药公司优选的一站式医药定制研发生产合作伙伴，助力世界新药发展！"具体而言，博腾制药的长期发展目标是围绕世界创新药公司，从工艺开发到商业化生产，从初级中间体（公司 3 类产品）到制剂，从临床前原料药（active pharmaceutical ingredient，API）到整个药品生命周期，提供全球化的研发生产平台和定制化的最优解决方案。为此，公司将战略表达为四个重点。

（1）"大客户+"：持续推进大客户战略，扩大创新药 ISO（International Organization for Standardization，即国际标准组织制定的各行业标准）中间体业务，开拓下游 GMP（Good Manufacturing Practices，即优良制造标准，适用于制药、食品等行业的强制性标准）中间体和 API 业务。通过并购快速获得 API 核心能力，向中小型生物公司提供一站式服务，增加项目储备，降低客户集中度。

（2）GMP 体系建设：持续提升 GMP 能力，通过美国食品药品监督管理局（Food and Drug Administration，FDA）检查，获得客户认可，支持 GMP 中间体和 API 业务的发展。

（3）运营效率提升：公司为满足大客户需要进行了重大固定资产投资，必须提升运营效率，实现资产周转和回报。

（4）并购：建立国内外并购及并购整合能力，通过并购实现产业链布局，建立 API 服务能力，支持三年战略目标的实现。

其中，"大客户""大品种"是战略的核心。这样既能围绕大客户需求进行固定资产投资，又能实现长期稳定大订单的规模优势，保障产能利用率，给公司带来良好的回报及充沛的现金流，借以实现战略的并购和产业链的扩张。

2015 年，公司制定了进取的经营目标：销售额达到 30% 左右的增长，净利润达到 20% 左右的增长，集团毛利率不低于 37.0%，并明确了当年的七大"必赢之仗"。

- 持续聚焦大客户，培育第三个大客户，拓展 ISO 和 GMP 业务。
- 通过并购具备早期 API 从研发到生产的能力，拓宽 API 客户。
- 建立三年资源规划。
- 提高现有的生产效率，整合中间体原料供应链，控制管理费用。
- 完成 ERP，提高管理效率。
- 持续完善 GMP 体系，开始 GMP 小型工厂建设，GMP 中间体生产能力获得大客户认可。
- 长寿基地通过仿制药 FDA 的审计。

公司领导班子高度重视战略实施所需要的企业文化、组织与人才体系建设。领导层首先发布了公司的愿景、使命与核心价值观。企业使命是"健康每一天，再活一百年"，即通过新药研发生产的努力，让包括博腾制药人在内的人们能更健康与长寿。根据公司的业务特性和战略发展需要，公司确定的核心价值观是：客户第一、追求卓越、团队协作、互相关爱。为了让公司能强化与战略匹配的核心组织能力，公司领导班子花了相当长的时间来研究如何从组织的角度形成公司独特的整体能力，并分解到客户导向、卓越运营、人才发展、GMP 能力和全球运营五大方面，进行了组织内持续优化的行动措施，并筹划 2016 年开始对公司的关键人才进行系统的、成体系的培养。

然而，公司很快出现了一系列问题和挑战。在国际上，跨国医药公司正在经历重大的行业环境变化。自 1950 年开始，每 10 亿美元长期投资产出的新药的平均数量不断下降。制药业的生产力、新药产出率、投资回报率持续走低。不断攀升的新药研发成本、逐渐下滑的药品投资回报率给制药公司带来了巨大的压力，使其不得不以裁员或者关闭研发和生产设施的方式来控制自身成本，以及对研发和生产外包的选择更为审慎，对合规性和质量的要求更为苛刻。博腾制药的两大客户从 2015 年开始进行业务结构调整，给予博腾制药的订单额出现了快速下降。长期依赖这两大客户订单的博腾制药，2017 年营业收入出现明显下滑，净利润减少近 50%。随着国内更多竞争公司的成立与上市，竞争对手开始不计成本对公司关键人才进行挖角。公司内部，由于业务减少、竞争者挖角以及管理问题，相继出现了研发、生产上的关键人才的流失。公司总裁经过猎头招聘的人力资源副总裁无法融入管理团队，导致公司人力资源管理团队人员动荡，骨干相继辞职。在各种问题频发的情况下，公司总裁疲于奔命。这位技术背景出身、拥有博士学位的总裁，在最后决定将明显不适合公司的人力资源副总裁请走的同时，也因为公司生产、运营等各方面的问题与公司董事长和其他高管产生了越来越多的分歧，加上考虑家庭的需要，最终决定离开公司。

公司董事长居年丰先生具有深厚的国际化医药销售背景，面对公司突如其来的困境，他进行了深刻的反思，并在深思熟虑之后，从战略到组织与人才的整个链条都果断采取了变革的行动。当时的首要矛盾是订单减少，而背后的原因是公司迟迟未能开发除强生与吉利德之外的大客户，"大客户＋"战略并没有得到有力的执行，业务过度集中在两大客户身上的风险暴露出来。最近5年，国内外围绕新型靶向药物、细胞免疫治疗等领域有很多制药公司产生了更多的研发与生产外包需求，国内更是因为政策的鼓励和资本市场的追逐导致创新药的研发与生产服务井喷式增长。医药行业调研组织经典洞察（Nice Insight）公司的数据显示，越来越多的中小及新兴制药公司倾向于合同定制研发与生产（contract development & manufacturing organization，CDMO），让外包企业为其提供定制研发生产服务。在调查企业中，70%的新兴制药公司选择临床Ⅰ期开始外包，71%的中型及以上制药公司选择临床Ⅱ期开始外包。此外，在药品上市许可持有人制度试行、鼓励创新药研发等一系列政策支持下，中国创新药研发能力初露锋芒。GBI Source数据显示，2017年，国产化学1.1类药物申报数量为112个，包括临床申请和上市申请，达10年之最；生物药申报数量为62个，与2016年相比翻了一倍。随着我国创新药市场的快速发展，国内药品研发生产外包的需求也不断增强。具备了合同研发与生产综合服务能力的CDMO企业将迎来前所未有的中国市场需求。

因此，他判断公司在营销上必须进行彻底的变革，要在国际上积极开发中大型客户，面向国内则抓住机会主动寻求与新兴创新药公司合作。在公司陷入危机时，他决定自己兼任公司总裁，主抓销售转型，改组与扩充公司的业务拓展团队。在两大客户基础上，公司与辉瑞、诺华、罗氏、勃林格殷格翰、艾尔健、葛兰素史克合作获得的收入占比突破20%，并开拓了70余家欧美中小客户。国内市场则开始服务于10余家制药企业。

在稳住了销售和产能利用之后，博腾制药加快了产业链前移战略的推进。通过收购一家美国的合同定制研发（Contract Research Organization，CRO）机构，并和多家生物制药研究机构深度合作后，公司在CMO扩大生产的基础上向前延伸，更多介入新药早期开发的CRO服务，开始转型为CDMO。

在积极推进新的"营销转型，产品升级，发展工艺化学CRO，打造技术平台"四大战略重点的同时，董事长推进了高管团队的重构。原有的几位副总裁，要么年龄偏大面临退休，要么在公司战略转型过程中表现出明显的不适应，从领导班子里退出。董事长花了大量时间，精心选择了企业外部的职业经理人加盟，并根据战略的需要强化了公司在研发CRO方面的能力，在财务管理和人力资源管理方面引入了高管弥补短板。

在董事长的带领下，新的领导班子根据战略转型的需要，在企业文化、组织体系和关键人才队伍建设上进行了大力变革。公司的愿景进行了更新，描述为"建立全球领先的制药服务平台，让新药更快惠及更多患者"。其内涵是从之前的CMO为主模式转变为包括研发与生产在内的一站式平台模式，合同研发与生产服务并重；从面向跨国制药企业大客户转变为全球范围内更多的创新药公司客户，更准确地传递了公司中长期的战略取向和努力目标，凸显出公司更宏大的格局与成长空间。董事长在公司内外多次不遗余力地宣讲公司的转型战略和新的愿景，配合着公司经营业绩的好转，给员工、客户、合作机构和资本市场都注入了更强的信心。

在公司的客户结构发生重大变化之后，中小型客户的订单纷至沓来，也随之引发了公司的组织体系变革需要。企业之前根据大客户的需求来投资固定资产，几个重要的车间和反应釜等关键设备也根据大客户和大品种订单来配置。公司的两大生产基地在整个交付过程中处于主导性的位置。中小客户的订单增多后，这样的运营模式明显不再匹配，出现了客户订单效益无法准确衡量、"研""产""销"之间脱节、生产计划与组织混乱、各部门之间冲突矛盾增加的情况。面对这些挑战，公司领导班子敏锐地发现，只有在组织体系中以客户项目为抓手形成横向打通的流程与协作机制，才能让组织承载新的战略发展需要。在借鉴华为"铁三角"模式的基础上，博腾制药组建了由商务人员、技术专家、项目经理三种关键角色构成的若干虚拟小组，在客户端可以高效实时沟通，并保证了客户需求在整个交付过程中的准确兑现。同时，公司挑选有研发背景的骨干来担任项目经理，强化他们的职责和权限，以此来打破价值链之间的部门沟通协作壁垒。在众多项目同时运营的过程中，各部门人员参与其中。公司如果不能准确进行项目的成本效益核算，就无法衡量项目整体的盈利性，以及对参与人员进行绩效激励，这是从职能为主的纵向型组织转变为项目为主的横向型组织的最大障碍。为此，公司安排由首席财务官牵头，从项目运营的底层逻辑入手，梳理和优化了大量的业务流程，在此基础上重新制定了报价合理性评估、成本与费用分担、内部定价等关键环节的规则。

以"客户需求驱动运营"的项目制要取得成功，是否具有足够的关键人才是最重要的问题。为此，公司在以往沉淀下来的人才管理理念和方法工具基础上，通过与有丰富经验的咨询顾问合作，迅速确定了打造"人才星工厂"的关键人才体系目标并着手实施。根据岗位的价值评估、战略相关性、任职者稀缺性、人岗匹配度等指标，公司严格界定了关键人才群体，以保证将重要的资源投入最关键的人身上，而不是按照传统的方式搞"普惠制"的培训。根据能力和绩效，公司领导班子对公司98个关键岗位上的169位管理、技术与专业人员进行了人才盘点，并将其放入人才任用的九宫格。最后，以"优中选优"的严格标准，公司明确了未来5年按照公司战略进行系统培养的关键人才名单。

博腾制药的"人才星工厂"体系分为三个层次："天王星"针对公司高管，在他们急缺的战略管理能力、商业模式设计能力、变革领导力等领域，通过顶级商学院定期学习、内部研习和标杆企业考察学习的组合方式来提升他们的能力；"启明星"针对包括公司总监、高级经理、技术专家在内的关键人才，针对管理实战技能、公司经营、前沿业务知识、人际沟通与影响、团队教练等领域，通过内部集中培训、实战模拟、行动学习等组合方式来淬炼与提升；"未来星"针对初级高潜人才，主要是强化他们的分析与解决问题、人际沟通、公司业务知识掌握等能力，通过在线学习和公司内部集训的综合方式来进行。

在"启明星"计划中,100多名总监、高级经理和技术专家,分成两期,进行了为期两年的系统培养。整个培养围绕公司的战略实施需要,借鉴了全球范围内人才培养的最佳实践,突出"干中学""学中用""知行合一",既能让这些过往基础比较薄弱的学员循序渐进、逐步提升,又能紧扣公司实际情况,在公司内部案例的基础上研究和推动问题解决。图P3-1是"启明星"计划的设计图。

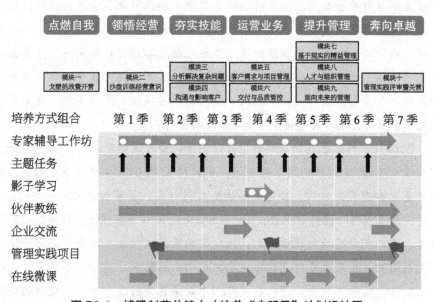

图P3-1 博腾制药关键人才培养"启明星"计划设计图

整个"启明星"计划在运行的过程中恰逢公司的战略发生重大变化,组织变革不断深入,因此这个关键人才的培养体现了非同一般的作用和意义。首先,这个计划的实施激励和稳定了一批骨干,让他们在公司经营业绩波动的情况下保持了对公司发展的信心;其次,这个培养计划的行动学习项目让不少关键人才学以致用,把刚学到的公司经营、战略分析、全价值链管理等应用到公司现存问题上,对若干重要问题和短板提出了针对性的改善措施,让公司取得了实实在在的收益。其中一个学习小组承担了"博腾制药发展CRO业务"的重大课题,其在过程中提出了完善的业务规划与实施方案,得到了董事长的赞许,并被要求立即实施转化,极大地推动了公司战略的落地。另外,公司集中资源在人才队伍的"中腰"位置，而不是稀释资源"撒胡椒面儿"，鼓励用务实和创新的态度进行人才培养，让公司全员看到了人才对于企业战略发展的重要作用。在"人才星工厂"的实践基础上，尝到甜头的博腾制药成立了专门的企业大学，以更长远和更体系化的方式践行"人才先于战略"。

在"启明星"计划运行期间，博腾制药董事长高度重视并深度参与。在学员奔赴敦煌戈壁进行意志锻炼时，他从海外出差回来，没有倒时差就飞到敦煌为学员做开营动员。他亲自担任了其中一些内部学习模块的讲师，给学员介绍博腾制药的发展及营销策略。在整个公司出现经营业绩下滑、人心不稳时，他主动和学员开展深度对话，开放地面对各种尖锐的问题，直言公司存在的问题，详细阐述公司新的愿景和战略，从而极大地鼓舞了学员的信心和士气。最重要的是，他敢于推动学员行动学习项目的落地实践，让学员感受到了学习的价值与公司领导层兑现承诺的勇气。

2019年，博腾制药的战略转型效果显著：公司实现营业收入15.51亿元，同比增长30.93%；净利润1.86亿元，同比增长49.04%；第四季度的收入成为历史上季度最高收入，公司的股价屡次创新高。董事长在回顾过去的这5年时，生性沉稳的他感慨地说："一个企业遇到困难并不可怕，只要我们还有人才，我们就能够找对战略方向，用我们积累的组织和人才资源去进行变革和克服困难。企业战略的成败还是要归结于企业的人才这一根本要素。未来一个阶段，我的工作重心将放在更多人才聚集在博腾这个平台上之后的企业文化升级这个事情上。"

第四模块

贯穿战略管理的领导力与经营业绩

> 作为一把手的公司经营者无时无刻都要在紧张的气氛中真刀真枪地拼杀搏击,而且绝对不能失败。
> ——富士胶片董事长 古森隆重

在战略规划、解码到执行的全过程中,企业组织有两种领导力贯穿始终,为战略提供根本的方向与动力。企业创始人或者CEO,作为战略的设计师与架构师,其个人的领导力决定了战略本身的高度、质量,以及执行的有效性;管理班子的集体领导力,则决定了战略能否在具有一致性的情况下,在组织各个层次与各个职能团队得以分解和有效执行。

第 12 章

战略三环中的个人领导力

领导力有多个版本的定义，但是不外乎强调"具有远见，激发团队为目标实现而努力"的综合素质，是内驱力、思维、价值观、行为的特定组合。

企业创始人如果在企业里持续担任"掌舵者"的关键角色，那么这个企业从创立开始，整个企业的战略发展与演变实质上是创始人不断成长与自我变革的过程。从公司还没有注册开始，很多企业创始人就已经在深入思考"自己要做一家什么样的企业""这家企业长远来看会变成什么样""这家企业会具有什么独特的价值"等，这已经为企业包括愿景、使命和价值观在内的企业文化奠定了基础。从懵懂与靠直觉做生意转变为有逻辑有系统地规划企业的成长之路，这一过程考验了企业创始人总结反思与学习方法论的能力。

从全球知名企业家的实践案例来看，一个创始人对企业的最大贡献就是通过其前瞻性的思维确定企业各个发展阶段的战略方向与目标。对于一个在企业具有一定成熟度后接过企业战略制定重任的CEO而言，在创始人或者前任的基础上，要将企业带到更高的发展格局，对其寻找方向和决策的思维挑战更大。在确定了战略之后，对原有的组织、人员、文化进行系统的变革以实施战略，对于接棒的CEO而言，更是一个考验其带领团队开展行动的坎坷之旅。

领导力的首要特征是前瞻商业机会

客户需求与市场永远是战略的出发点。企业创始人或者CEO作为战略制定者，花多少时间与精力在这个战略出发点上，以及在这个出发点上能形成多少洞察与远见，从根本上决定了企业能否产生高质量的战略。

在企业创立初期，创始人不得不亲力亲为，跑市场并和客户打交道。但是同样是泡在市场里面，有的创始人由于个人思维能力的限制，只能是"什么好做做什么"，紧跟市场动向调整企业的业务。有的创始人则体现出其战略性思维能力：一方面，他能挖掘纷繁复杂的客户与市场现象背后的本质，"见他人之不见"；另一方面，他会对商业环境和事物进行长远的思考，3年、5年乃至几十年，从中寻找变化的趋势与可能性。纵观全球出名的企业创始人，他们之所以被认定为具有卓越的领导力，是因为他们有一个共同的特征，就是具有以洞察和前瞻为核心的战略思维。

阿里巴巴创始人马云，在西湖做导游时偶然听美国游客谈到互联网，就开始研究这个新鲜事物，并做出了"基于互联网的电子商务将是下一个时代大机会"的判断，开始了"让天下没有难做的生意"这一征程；华为创始人任正非，在早期创业卖设备的过程中，看到了中国电信行业对程控交换机的渴望，同时也看到整个市场被跨国公司所把持，认识到"技术是企业的根本"，于是决定自己做研发，从此和"代理商"这个身份告别，为华为成长为全球高科技龙头企业迈出了关键的一步。这些都是现在大家耳熟能详、津津乐道的创业故事。

如果说这些早年的企业创始人在通过思考找到未来市场巨大商机的过程中还存在一些"偶然""灵光一闪"的成分，那么现在的企业创始人要在信息爆炸的今天从海量的市场信息中找到下一个大机会，就必须依靠更强大的逻辑判断和差异化思维能力。

"拼多多"的迅速崛起是这方面的一个经典案例。

拼多多成立于2015年9月，是一家专注于C2B拼团的第三方社交电商平台。用户通过发起和朋友、家人、邻居等的拼团，可以以更低的价格拼团购买优质商品。其中，通过沟通分享形成的社交理念，形成了拼多多独特的新社交电商思维。

2015年，中国的电子商务领域处于天猫、京东和苏宁等瓜分天下的格局，很多著名投资人和电子商务研究者普遍认为电子商务的赛道已经没有任何空间，在这个领域创业就是找死。然而，一个名叫黄峥的"80后"年轻人凭借自己独到的思考抓住了"社交电商"这个细分机会，硬生生在电商这个赛道上闯出了一片天地。

黄峥于2007年离开谷歌开始创业，第一个项目是手机电商。3年后，黄峥觉得公司会长期陷入和京东的消耗战而没有突破性成长空间，于是立即决定将公司卖掉，带着技术团队开始第二个创业项目——电商代运营公司乐其。其间黄峥因为治疗中耳炎在家休息一年。这一年里他不停地思考：一方面，他通过对周边浙江小城镇的消费观察，认为"这些小城镇有巨大的消费需求仍然没有得到满足"；另一方面，以微信为代表的社交流量正发展迅猛。从商业角度上，黄峥注意到微博、陌陌、快手等社交平台的流量很大，但对应的商业没有发展起来，"存在的微商，很容易就变成了网络传销"。虽然已经财务自由,但是黄峥不甘心去做投资,而是"想要做大一些的事情",于是社交电商成了他"独辟蹊径"的战场。

2015年4月,"拼好货"正式上线。

拼好货以拼单玩法为切入点,通过微信朋友圈等社交平台邀请好友参团,达到规定人数时拼单就会生效。2015年下半年,他和伙伴发现这个社交电商可以做平台模式,于是开始组建新团队运营拼多多平台。

黄峥发现,这个团队由于既做过电商又做过游戏,对前端以及消费者深层次需求的理解,包括怎样做好软件产品等,比拼好货的纯电商团队确实要强。拼多多更重视软件产品的互动,把软件产品当作游戏运营,强调用户以什么方式第一次接触软件产品并与其产生互动,以及怎么做用户筛选——"游戏公司跟电商公司有一个思路是有差别的,前者不认为进来的所有用户都是自己的,始终在试图寻找适合这个玩法的用户,寻求的是玩法的迭代和更新"。从本质上讲,黄峥发现,拼多多要创造的是一个不一样的购物形态,而不是强调某一垂直领域的购物体验,这是两种不一样的东西。

2016年9月,拼好货与拼多多合并以谋求提升整体品质和服务水平,坚持走平台模式,主打拼多多品牌。拼好货变成了拼多多的一个子频道。在黄峥看来,在新的流量分布形势、新的用户交互形式和新的国际化形势下,"一步一步走过去,不见得没有机会"。

2018年7月26日,拼多多在美国上市。

2019年第二季度,拼多多过去12个月的成交总额达到了7091亿元,平均月活用户达到3.66亿人。

2019年10月25日,拼多多市值464亿美元,超过了京东。

从黄峥的身上我们可以看到,最新一代的企业创始人和早年的企业创始人一样,拥有强烈的成功欲望和对商业机会的敏锐判断。伴随移动互联网一起长大的他们,除了拥有良好的教育背景,面对已经非常激烈的商业竞争和拥挤的各种商业领域，体现出更多系统性的思维特征，能够深入商业环境中的更多细分领域，对最新的趋势更敏感，并能用更快的速度整合资源开展行动。"敏锐、快速、迭代"代表了他们思维的特征。

然而，无论时代怎么变换，任何企业战略制定者都要谨记，企业的战略机会恒久不变来自客户需求和市场的演变。因此，不管企业已经做到多大，自己有多忙，企业战略制定者都必须保证将足够的时间花在"田间地头"，通过对市场和客户的观察与研究展开系统性的思考，作为企业战略最重要的输入。

在日趋"VUCA"的商业环境中，面对客户需求与市场变化，企业战略制定者的领导力更多体现在以"洞察力与前瞻性"为核心的战略思维上。面对竞争，考验企业战略制定者的，除了博弈思维，更重要的是理性与进取心。在新的商业时代，"竞合"多于"竞争"，这要求企业战略制定者从竞争格局出发，敢于竞争，但又懂得在适当时候与竞争者合作甚至联盟来换取共同的更好生存与发展。

华为与三星在移动终端、半导体芯片、通信设备等多个领域都存在直接竞争关系，但是在若干业务单元之间进行法律诉讼的同时，并不妨碍其他业务单元的紧密合作与业务往来。

企业创始人身处自己一手创立的"王国"，在带领团队进行竞争分析时，出于"自我防御"的心理或者虚荣心，往往会对竞争对手采取刻意的"不屑一顾""自我夸大"的做法，在缺乏真实数据的情况下，包装自己企业的优势和成功。有些企业创始人或CEO又会对竞争对手过于敏感与充满防备，采取过于激进的打压手段或者完全封闭的策略，在可以和竞争对手携手时错过机会，"伤敌一千，自损八百"。

因此，企业战略制定者面对竞争时所做出的战略反应，与他们在自大与自卑两个极端之间处于什么状态有极大关联，背后体现的其实是他们的智慧、情商以及格局。

目标制定中的领导力

战略规划的最关键步骤是确定各个战略周期的具体目标。这个环节集中体现了企业创始人或 CEO 个人领导力的个性特点与强弱。一个偏稳健、厌恶风险、斗志不足的企业战略制定者，必然会采取"条件驱动"的目标制定逻辑，从企业本身所拥有的资源与能力出发，选择与行业平均"持平"的跟随性目标；一个喜欢冒险、不安于现状、有强烈危机感、富有奋斗精神的企业战略制定者，则多半会强调"机会驱动"的目标制定逻辑，"以终为始"，从企业未来不能错过的机会出发，选择跑赢行业的领先性目标，并为此而重新配置资源。

制定企业战略目标的过程，不仅考验企业创始人和 CEO 的进取心、智慧，还考验他们个人用目标凝聚高管团队和激发组织全员的领导能力。他们必须理解人性。在面对企业未来发展前景和具体目标时，企业高管和员工会有复杂的、多元化的心理反应。对于伴随企业成长多年的老员工，有的希望"急流勇退，安享成果"，有的希望"再创辉煌，登上新高"；对于职业经理人，有的认为"目标会年年加码，没有必要过于透支"，有的认为"自己反正就干几年，目标是老板的事"。因此，对于制定目标过程中以及后续阻碍目标实现的一些负能量，比如淡漠、懈怠、阳奉阴违、"会上不讲、会后乱讲"，甚至公开表达不满与唱反调，企业创始人和 CEO 必须展现出"菩萨心肠、霹雳手段"，既能积极沟通与耐心疏导，阐述目标制定的逻辑，又能果断有力地给予直接反馈、要求整改和及时处理。

我认识的一位企业家曾经让一次公司高管战略目标制定过程达到令人震撼的效果。该集团好几年没有大的进步，业绩不温不火，在行业的排名逐步下滑。企业创始人年近 50 岁，在多次进行自我反思之后，认为企业存在的问题很多时候是自己对自己和团队过于宽容造成的，而行业的发展态势是容不得任何懈怠与放松的。为此,他把高管团队带到一个户外俱乐部进行集团未来三年发展目标的讨论。当高管跟往年一样表现出对目标的随意和不在意的态度后,他发表了一场演讲,情真意切地分享了自己的心路变化,也对公司未来三年大幅进取的目标制定逻辑和原因进行了解释说明。他说:"为了让大家感受到我个人对于实现这个目标不留退路的决心与勇气,我今天特意挑选了这个地方给大家做个表率。"平时不爱运动和健康欠佳的他,当着所有集团高管的面,挑战了高空蹦极。事后,他对我说:"我这个行动,并不是疯狂和作秀。我真的需要挑战自己,同时也要清楚地向这些高管表明我的决心。不用这样极端的方法,我和我的团队没有办法刺激自己为目标而奋斗。"

另一位女性企业家,在刚掌舵一家有多年发展史、正组建了新管理团队以谋求振兴的企业之后,同样是在企业战略研讨会上,提出了企业未来极具挑战的发展目标。她向参会人员回忆了自己年轻时和这家企业的渊源,说到动情处,不禁落泪。但是,在真情实意的分享后,她同样给参会人员表达了对目标的不容置疑与全力以赴。"我必用我全部心力,带领企业重回高光时刻。我希望在座的各位,把实现这个目标当成证明自己能力、让企业这么多员工和家庭能够在社会上重新骄傲起来的人生目标!"

两位企业家,不同的方式和风格,在目标制定的关键环节传递的是同样的领导力:目标驱动,给团队注入达成目标的决心与勇气。

促成战略共识的领导力

在战略解码环节,企业创始人或 CEO 的领导力将受到更大的考验。

在企业担任过高管的人都深知,在企业最高层次的管理者中形成共识是一个非常困难的过程。如果这个群体有开放与包容的文化,那么进行针对未来的战略讨论时,可能会众说纷纭,莫衷一是;如果这个群体有强烈的"老板"文化，高管习惯了靠创始人或 CEO 发号施令，内心不置可否或者有不同意见也不会表达出来，那么战略讨论只是一场走过场的个人秀，完全不可能实现形成共识、凝聚集体智慧和能力、勇担责任的预期效果。

企业创始人或 CEO 在这个过程中要清醒意识到自己和高管团队成员互动的行为特点，把控好整个战略解码过程中自己的言行，根据设计的进程来发挥应有的作用。比如，在市场和竞争研判环节，企业创始人或 CEO 需要鼓励与会者从不同视角提供个人见解，而不是急于按照自己的经验与信息直接抛出分析结论；在团队成员之间出现争议甚至激烈的争吵时，能冷静地让双方从情绪中回归问题的本质，找到根因和解决之道；在做战略分解时，能像教练一样通过质疑来帮助挂帅人及责任人梳理思路，保证行动计划的质量；在讨论进入深水区、面对困难无人认领责任时，要果断拍板，清晰地确定人员来承担任务并表示信任和授权。

一个有智慧的企业创始人或 CEO 会在战略解码的过程中体现出内心的强大，善于控制自己，不过度发挥，从而让战略解码真正形成"共创共赢"的氛围，并对承担战略任务的人员进行赋能与激励。

我的一位企业家朋友，其性格比较耿直和豪迈，在公司甚至行业内是出了名的"霸气、强势"。在他决定用战略解码的方式让高管团队共同明确企业未来三年战略及行动时，他问我："如何让高管畅所欲言，而不是像过往一样，都是我一个人滔滔不绝？"

首先，我建议他做一些测评，包括性格、领导风格、价值观、360 度情商，让他认真地进行自我反思，理解自己心中的"自我"与他人眼中的他，总结自己带领团队与影响他人方面的优点与不足；其次，我让他和我们一起参与战略解码会议的过程设计，像导演给演员讲戏一样和他预演整个过程中他的角色与言行细节；最后，我给了他一个握力器。

在战略解码会议实际推进的过程中，他被安排坐在会议室的最后面，在议程中基本没有发言。我观察到，他有好几次几乎忍耐不住想要冲到前面去发言，但是我们之间有约定，他通过不停地捏握力器控制住了自己，最多是在会议室后面来回踱步，并没有站到团队前打断别人发言。高管团队在我的引导之下发现这次的会议与众不同，有发言和讨论分享的空间，慢慢地研讨的氛围开始越来越热烈，大家都渐入佳境。

当天晚上，这位企业家主动找我分享："真的很难忍，但是毕竟忍住了。听了一天，很有感触。这才发现这个团队中其实很多人是有真知灼见的。"第二天上午，到了分享战略目标的环节，我惊奇地发现，这位企业家在原先设计好的时间之内准确完成发言，原先给他准备的时间提醒牌完全没有用。在他的发言里，他既真诚和富有激情地阐述了战略目标设定的逻辑与超越目标的信心，又主动感谢了高管坦诚与开放的讨论，检讨了自己过往喜欢打断别人和说话滔滔不绝的特点。他在这个环节的发言实在精彩，高管给予了发自内心、持久热烈的掌声。

基于自我认知，在战略的形成过程中，善于吸收周围对自己和企业有利的元素，根据战略的需要调整和提升自己，恰如其分地扮演好自己的角色，才能有效地调动身边的人进入战略共创的过程，把团队的能量凝聚在目标、战略重点、"必赢之仗"、行动与责任上，这也是一个企业掌舵人领导力的绝佳体现。

战略执行中的领导力

然而，真正的领导力考验发生在战略执行这个漫长与煎熬的过程中。在战略执行过程中，什么样的情况都有可能发生。当有其他所谓风口和诱惑突然到来时，企业创始人或CEO是继续执行原有战略还是被短期机会诱惑去追逐风口而改变或者废弃战略，考验的是他们专注与抵制诱惑的能力。

华为创始人任正非曾说:"20多年来抵制各种诱惑是华为最大的困难。"华为这么大的队伍及力量,随便攻击一个目标,很容易获得成功,但是这容易诱使管理者急功近利,分散攻击的目标。任正非曾经说:"怎么使我们的高级干部主动抵制偏离主航道的利益诱惑呢?就是要树立公司的远大目标,树立成为世界产业领导者的宏伟目标,以实现公司远大目标作为高级干部的个人目标,而不把个人的名誉、出人头地,以及个人的权力和利益看得很重。聚焦主航道,就是聚焦大方向,聚焦公司的远大目标。我们坚持在大机会时代,拒绝机会主义的方针。坚持战略竞争力量不应消耗在非战略机会点上的方针。"

在华为的发展史上,这家企业拒绝了无数次可以通过搞房地产开发、跟着各地方政府去做别的业务而获得巨额政府补贴的机会,就连曾经对外部的相关科技企业进行股权投资,都被任正非认为"那么轻松赚取那么多利润,不是华为要做的"而主动叫停。因此,企业保持专注与抵制诱惑的背后,关键是创始人或CEO的远大追求与使命感在起作用。

当战略执行不利时,是否会陷入慌乱、盲动、怀疑自己与他人、犹豫、纠结等情绪和行为中,考验的是企业创始人或CEO的自信与定力;当"黑天鹅"事件突然发生时,企业创始人或CEO如果把时间与精力投放到一些紧急问题中,没有妥善安排好授权管理,就会导致战略执行变得"群龙无首",所以这时考验的是他们危机处理中"要事优先"与授权的能力;在战略执行所需的资源、组织、人才等各方面涌现出问题时,尤其是在市场不景气的大环境下,企业创始人或CEO可能会有畏难情绪,开始怀疑战略正确与否,犹豫是否要继续深入,这时考验的是他们是否有迎难而上的勇气、乐观主义心态和自信。

很多时候,战略执行是"滴水穿石",在一个季度甚至半年才会看到效果。其间战略的执行不一定会给经营业绩带来正向影响,可能还会导致业绩波动与下滑。这时,企业创始人或CEO作为战略制定者和企业经营业绩负责人，只能咬着牙关，坚持、坚持、再坚持。

我以及我认识的企业家、CEO 都无一例外会经历这段战略执行中最困难的历程。这时，面对孤独与压力，领导者唯一的办法就是给自己找到一些压力对冲与缓解机制，比如加大运动量、参加一些工作以外的社团活动、重拾兴趣等，熬到战略执行的效果开始显现的那天。面对战略执行的困难，管理层和员工更容易出现怀疑、动摇、懈怠，甚至逃避。因此，企业创始人或 CEO 的领导力体现为综合的战略定力，包含了专注、自信、决心、坚韧与超强的影响力。他们必须在自己咬紧牙关坚持信念的同时，及时调整阵型，想方设法坚定员工的信心，激发员工的斗志，带领下属往前冲，让自己的部下成为英雄，而自己成为领袖。

"越困难的时候，群众的眼睛就越放在领导者的身上，拼的首先是领导者的意志。"任正非十分欣赏克劳塞维茨在《战争论》中的一句话："当战争打得一塌糊涂时，高级将领的作用是什么？就是在茫茫黑夜中用自己发出的微光带着队伍前进。"任正非认为，将军在战争中的作用是不容忽视的，一般要有精神的光芒，当遇到困难或在团队出现无助的情况时，将军们必须依靠自己的精神力量带领队伍走出黑暗。作为团队的领导者，必须保持长期的自我激励，让你的行为影响员工的状态，为员工明确前进的方向，凝聚团队的力量。

战略管理者的自我认知与自我提升

詹姆斯·库泽斯和巴里·波斯纳在经典的《领导力》一书中提出了五种卓越的领导力行为：以身作则、共启愿景、挑战现状、使众人行，以及激励人心。这五种领导力行为贯穿了战略规划、战略解码和战略执行的全过程。

貌似大家按照这些匹配关系去重点修炼这几种领导力就好了。但是，结合多年的管理咨询与企业管理经验，基于之前服务的著名国际管理咨询公司合益集团的研究，我认为，企业创始人或 CEO 在进行战略管理时，要体现出卓越的领导力，并不是像学习戴明环 PDCA（plan，计划；do，执行；check，检查；act，处理）的管理技能一样，通过模仿与培训领导力行为就可以真正实现。

领导行为的底层，按照合益集团麦克利兰教授的素质冰山模型（见图 12-1），更多的是依靠个人特质。

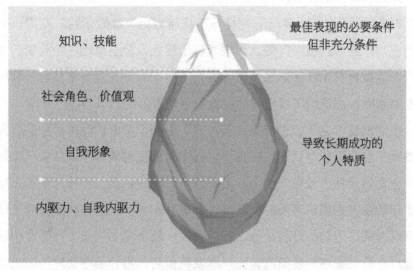

图 12-1　麦克利兰教授的素质冰山模型

有的领导者面对特定环境，经过提醒与刻意模仿，可以短暂地展现出上述典型领导性行为。但是"江山易改，本性难移"，由于思维、价值观和内驱力的沉淀和难以改变，领导者很快就会回到原有的行为模式，从而与战略管理的要求脱节。

因此，领导者为了战略成功而进行领导力的修炼与提升，就必须进入对自我深层次的认知与艰难的调整中。

我曾经作为教练辅导过一位地产集团的区域总经理。他早年从一线工程师成长起来，历经了项目经理、运营管理、城市总经理、区域副总经理，直至到一个市场百亿元级的区域担任一把手。这位总经理的性格属于典型的刚直不阿、敢想敢做、敢打敢拼型。正是他身上的这种拼搏精神，让他在该集团的规模成长过程中，在整合资源、抢占市场、突破项目困难环节等方面脱颖而出，凭借突出的业绩得到了广泛的认可。当然，他的火暴脾气也让同事在很多研讨和协作的场合备感压力与紧张。

他担任这个区域总经理时，正好是整个房地产行业发生深刻变化、集团战略进行调整的时候。

"精准投资、基于客户研究提升产品与服务、高效运营、住宅以外抓住商业与产业地产机会"等，代表着整个行业以及这家地产企业新的发展方向。这位新官上任的总经理跟我进行了多次深谈，既分享了他长期的事业发展志向，也谈到了自己对适应新角色与新形势的担心。

在我的建议之下，他首先"剥洋葱"似的按照素质冰山模型层层深入地进行了自我反思与认知。在这个过程中，他主动收集了以往自己参加过的一些素质测评、公司内部360度评价与反馈的结果，还特意找了一些认识多年的亲友来提供客观的反馈意见，最后和我一起把这些整合成了一个全面、准确、生动的自我画像。然后我们一起梳理了这些个人特点中哪些是他过往的关键成长要素而且会继续发挥重要作用，哪些会对他未来的成长产生重大的阻碍。对于需要强化的优势，以及需要弥补的关键短板，我们深挖了驱动行为的深层次要素，尤其是思维、价值观等。

在他的个人领导力发展计划（personal development plan，PDP）中，基于作为区域总经理在区域发展战略与执行中必须体现出来的作用，我们共同明确了最关键的几项调整与发展素质，比如"强化战略思维能力，以超越过往做业务更多靠直觉""保持强烈的进取心，但是更多关注人与事的细节""调整工作上的喜好，从关注项目现场到从客户与市场中寻求创新产品与服务的机会"。这些发展的主题背后都制定了详细的行动措施与衡量标准。

在过去的这两年里,我和这位区域总经理的同事目睹了他潜移默化的改变。他会要求助理在他目光所及之处贴满提醒自己的"易事贴",在开会时用软毛笔认真记录要点来逼迫自己多一些倾听和思考而不是急于批判,进行户外团队建设时不再冲在前面而是在团队后面推着团队往前,花大量的时间去理解新的产业发展动向并结交人脉,不断培养关键人才并推动整个团队的能力提升。很快,他的改变与坚韧带来了明显的效果。他所在的区域在投资、运营效率、产品与服务提升、新业务落地等几个重大的战略执行方面走在了整个集团的前面,整个区域团队在他的带领下,正处于业绩出众、众志成城、士气高涨的大好局面中。

这个典型案例,以及众多知名企业家和CEO的事例,充分印证了一个规律:一个领导者的领导能力,是一个团队和一个组织战略成功的核心。

一个组织的转型,首先是领导者的转型。一个组织的发展,更多依托于领导者的提升。在经典的领导力行为背后,一个领导者的视野、格局、胸怀、志向、思维、内驱力,才是驱动这些行为的发动机。有准确的自我认知,才能对自己在组织战略发展中的作用有清醒的认识,通过严格的自我变革与管理,影响与推动战略的规划、解码与执行,实现组织目标与个人成长目标的双超越。

第 13 章

战略管理中的集体领导力

班子对于战略管理的重要性

大量的研究与实践表明，现代企业组织的战略管理，除了靠各级"一把手"发挥巨大的作用，还需要他们身边的管理团队作为一个班子发挥集体的领导力。这一点往往在战略管理过程中被人忽视，没有在常规的战略管理理论与方法中得到应有的关注与落实。

曾经，企业创始人或 CEO 在战略决策中需不需要花费大量时间让团队成员达成共识是有争议的。一种论调认为，对于优秀的企业创始人或 CEO，企业的战略更多来自他们的远见卓识，听取周边人的意见、通过各种努力让他们认可自己的观点会徒然浪费战略制定的宝贵时间；而另一种论调则认为，再聪明绝顶的企业创始人或 CEO，也无法保证自己思考的全面性与合理性，必须让身边的人进行集体的协商和决策，从而管理战略决策的风险。

抛开这些过往的争议，现在的企业，尤其是从初创期进入快速发展期的企业，其核心团队在战略初步形成、系统规划、分解与转化为具体行动、日常执行落地的全过程中，发挥了与创始人或 CEO 同等重要的领导作用，这一点已经成为不争的事实。

早年的中国企业在依靠"资源红利"的年代，其企业创始人或 CEO 的个人商业敏锐度和胆识决定了企业获取资源的速度与有效性，因此在制定阶段性目标和"打法"的环节，企业完全依靠创始人或 CEO 个人获取关键资源信息，经过快速思考就拍板，在执行环节则更多依靠创始人或 CEO 亲力亲为，驱动各种职能部门与员工做事。

现在，稍具规模与成熟度的企业在面临各种纷繁复杂的商业信息时，已经不能在战略决策端完全依靠创始人或 CEO 个人收集与处理信息的能力。客户与市场的动态更多依靠团队成员从不同渠道进行广泛的收集，然后在核心团队层面进行汇集、加工与处理，从而形成对创始人或 CEO 进行决策的重要参考。对于现在的企业而言，除业务之外，科技、资本、商业模式等要素愈显重要，而这些往往是创始人或 CEO 不擅长或不熟悉的。因此，在企业的战略规划中，具有多元化背景和复合型能力的团队能有效弥补创始人或 CEO 的短板。

现在的企业组织越来越强调扁平化与平台化，因此战略的分解与执行监控再也无法按照以往创始人或 CEO 通过科层制、职能制的方式层层传达与落地，而是需要更多的核心团队成员以"合伙人"的心态与角色推动各种业务单元、中台与后台团队的迅速贯彻落实。

正是这些商业环境和企业组织形态的变化，把企业战略管理过程中各层级尤其是企业最高层的集体领导力推上了和企业创始人或 CEO 个人领导力同等重要的位置。他们的集体领导力，具体体现为以下三个方面。

（1）在企业创始人或 CEO 的带领下，团队成员基于客户、市场和竞争的综合考量形成企业特定阶段的目标与战略，并达成真正的共识。这个过程既考验了团队成员各自的战略思维能力，也考验了他们在面对创始人或 CEO 时敢于"谏言"的勇气和放弃小我、遵从集体决策的格局。面对强势的创始人或 CEO，很多高管会选择"有话不说"，但是私底下却另有论调或者言行不一；面对高管团队其他成员的观点，他们会采取非常激烈与固执的方式进行反驳，对于自己意见没有得到采纳的集体决策则"口服心不服"，会后自行一套。这些常见的现象导致企业战略共识是"假共识"，与"一个团队，一个声音"严重背道而驰。企业中基层员工普遍的感知是公司面临分崩离析与各自为战的战略方向，他们会对高层作为一个决策集体的可信任度打上极大的问号。

（2）在战略解码的过程中进行"必赢之仗"的制定和行动分解时，团队成员体现出整齐划一的斗志、进取心和责任担当。面对激烈的商业竞争，高管团队规划的让企业特定阶段的目标得以实现的路径，以及他们在战略解码过程中的言行，反映了他们是否具有同样的紧迫感与拼搏精神。面对"必赢之仗"，团队成员是主动请缨还是现场寂静一片、无人挂帅，也反映了这些高管面对困难的真实状态。对于有一定发展历史的企业而言，主动承担战略任务，意味着从躺在功劳簿上享受的状态转变为面对再次创业的辛苦与失败风险。这是对高管是否还具有持续奋斗、为集体成功而承担责任的价值观的最好考验。

（3）在战略执行过程中，团队成员既能以身作则、在不同条线带领下属为战略落地而努力，又能互相协作、确保战略的联动实施。战略执行过程中会有各种预料不到的困难，高管团队成员是否每个人都高度投入、冲锋在前，这是全体员工非常容易观察到和感受到的。高管团队在工作敬业度和团队管理有效性方面差异很大的话，势必带来下属员工之间的互相比较，从而影响整体的作战氛围。企业的"必赢之仗"和各项行动措施在执行中往往是高度关联、互相影响的，这时就特别要求高管团队成员能够体现大局观念和协作意识，影响下属把小团队利益放在战略成功的全局之下。只顾自己团队的得失，甚至为了团队利益，在战略执行中抢夺内部资源、自毁长城，往往是因为带领这些团队的高管本身就没有吃透企业战略的全局性，在高管团队层面就缺乏协作。

正是因为集体领导力对于企业的战略管理越来越重要，很多场合我们都能听到企业家会打一个形象的比方："动车为什么比绿皮火车跑得快？根本的原因是动车每节车厢都有动力装置，而不像绿皮火车仅靠车头的一个内燃机。"如果企业的各级团队都能在班子的带动下，理解战略并有效执行战略，战略管理的成功概率就会大幅上升。

打造战略管理的集体领导力

在战略管理过程中，如何塑造集体的领导力呢？基于我辅导众多企业的经验，我总结出来三个关键点。

（1）在战略制定之前选择合适的团队成员。如果选择了没有共同价值观、没有足够能力的人作为团队成员，进行战略的规划、解码和执行，无疑是在浪费企业创始人或 CEO 的时间，关键是还可能破坏战略的进程与质量。为此，不要选择不适合的人作为战友。当然，并不是所有占据了高管职位的人就自然成了战略管理的团队成员，企业创始人或 CEO 必须从知识技能、思维、行为特点、价值观甚至年龄等多个素质维度综合考量，选定一个适合共同制定战略的团队。

（2）塑造一个真正的团队（a real team），必须落实在"共识""情感""契约"三个关键词上。一个真正的团队，其内涵远远超过了一群人（a group of people）。鲁思·韦格曼等领导力专家所著的《人到高层》一书给出了真正团队的三个特征：在有关集体发展的若干重大问题上有高度共识，团队成员都具有充足的能力来完成负责的任务，彼此之间互相欣赏和真正扶持。因此，企业创始人或 CEO 要在关于行业发展趋势、未来的商业机遇与挑战、竞争格局、企业当下的重大问题与短板等问题上定期进行团队的讨论，形成一个开放、平等与真实的讨论机制，并找到团队形成共识的方法。然后，给团队成员创造一些独特的经历，让他们真正地彼此熟悉，并形成互相欣赏和信任的情感基础，而不是停留在一起开会、工作的同事关系层次上。在团队成员间具有熟悉度和一定的情感基础后，团队必须以契约明确彼此的关系。所谓团队契约，就是团队成员共同的约定、准则与承诺，包含了这个团队所需要的最关键的几项高度行为化的价值观。这个契约的形成意味着这个团队做好了准备，团队成员承诺为共同的发展愿景制定共同目标、共担荣辱，并在过程中按照契约关系互相激发与互相约束。

（3）一个真正团队的形成是需要时间的，必然要经历"初创期、风暴期、规范期才会到表现期"。因此，在战略管理的全过程中，企业创始人或 CEO 必须敏锐地把握团队的状态，将团队建设与成长融入战略管理过程中。通过一些户外拓展活动进行联谊是必要的，但这仍属于浅层次的团队建设活动。真正高质量的团队建设，一定是让团队成员共同面对客户、市场、竞争以及内部组织与员工的真实问题，在分析问题和解决问题的"共同打仗"过程中产生高质量的互动与扶持关系。

我们来看一个以集体领导力推动公司战略实施的案例。

成立于 1985 年的某国内著名饮料公司在国内率先推出纯净水，是国内最早专业化生产包装饮用水的企业之一。2013 年，其包装饮用水在国内的市场占有率已经稳居前三，公司销售额达到 30 亿元。但是，根据当时中国饮料市场的竞争格局，年销售额达到 50 亿元是饮料企业规模的分水岭。突破此规模，企业的发展就能踏上一个新的台阶，否则就会陷入平庸。想要实现规模增长，企业就必须在品牌推广、扩充品类和产品线、大力发展销售渠道尤其是关键客户、强化供应链管理等领域做出一系列努力。

该公司的董事长经过了多个不眠之夜的思考——"面对未来的竞争格局，虽然该企业单品类的业绩表现是不错的，但是如果不及时做出突破性增长的努力，想要活在舒适区里纯粹是一个臆想"，最后他痛下决心，决定从自己开始，带领企业进入二次创业的状态。因此，他提出了"3年内从30亿元规模发展至100亿元"的极为进取的目标。

然而，他清醒地认识到，要实现这个目标光靠"自己革自己的命"是远远不够的。企业首先面临的问题是高管团队整体能力的提升。

当时，该企业的高管团队成员大多是多年跟着企业成长起来的，年龄偏大，而且长期习惯于包装饮用水单一品类的经营管理，缺乏快速消费品尤其是其他饮料的市场经验。很显然，让这样一个团队制定出符合市场发展趋势的战略是不现实的。为此，董事长开始了一个重塑高管团队并让这个新团队来制定与执行战略的艰难历程。在经过外部猎聘与内部选拔的多种努力之后，该企业具备了一个新的、背景多元化的高管团队，其中有来自知名跨国消费品企业的高管、国内排名第一的饮料公司的资深经理人、该企业内部脱颖而出的年轻骨干。

面对这样一个每人都拥有很强实力的新的经营班子，董事长还没来得及高兴，就发现了团队磨合带来的挑战。

长期在外企沉浸的"海龟"与国内公司摸爬滚打成长起来的"土鳖"，在业务与管理的语言、思路、行为习惯等方面的差异很大。在急于表现自己出业绩的情况下，团队成员之间出现了明显的摩擦与互相抱怨。

在外部咨询顾问的帮助下，董事长发现在只争朝夕的紧迫环境下，必须在战略管理的过程中把这个团队凝聚成一个真正的领导集体。团队建设与战略管理不能按照"串联"的逻辑进行，而应该是"你中有我，我中有你"。经过精心的设计，这个团队首先在董事长带领下开展了"建立互相认知与欣赏"的活动。每位团队成员都接受了精选的系列测评，包括个人的学习与决策风格、价值观、内驱力、情商、领导行为等，在这些测评中也都给彼此提供了反馈和建议。当这些高管拿着自己的测评报告，在顾问的引导下，根据自己的测评报告来讲述对自己素质特点的理解与反思时，每个人都开始对同事有了更深层次的认知，开始理解别人言行背后的初衷与思考，了解彼此在新工作角色中的优点和短板。在随后安排的一些户外团队活动中，团队成员还在特别的环境下分享了自己以往人生的"高光时刻"以及对未来的个人梦想。这些活动带来的化学反应让这个团队的氛围开始发生变化，"僵局被打破，冰块开始解冻"。

团队开展了一次正式的研讨，主题是"建立团队宪章，澄清战略方向"。团队成员把公司中发生的真实案例拿出来进行剖析，从中找到了彼此间产生摩擦的原因，共同认识到"在新的组织平台上，有共同的发展愿望，就必须用共同的约定来促进团队凝聚与战斗"。比如，一个副总裁提到凌晨时有紧急事件发生，但是考虑到团队其他成员过往的职业背景且工作中与其还不熟悉，就拒绝了协助，导致事情没有得到及时处理。针对这样的事件，团队宪章中出现了"事不过夜"这样简单但有力的规则。针对团队成员对下表达不同意见而影响员工执行的情况，团队宪章中约定了"一个声音"，意味着无论如何要在团队内部协商形成共识后再对外表达；针对开会习惯、绩效管理等影响团队协作的各个方面，团队宪章都给出了规则，而且是用团队自己的语言来表达的。

在团队宪章确定了价值观与行为准则基础之后，团队开始对企业爆发式增长的战略进行方向的讨论，初步确定了"通过品类扩张、区域延伸、加强研发、战略并购，实现规模爆发式增长"的战略方向。在这些精英的集体智慧得以有效汇集的情况下，一个月后，团队开始了正式的战略解码会议。经过紧张而高效的会议，团队得出了三年战略重点描述以及"水业务重点市场取得重大突破""推进矩阵式管理"等次年的 5 场"必赢之仗"。

在这个过程中，团队成员踊跃表达意见，既有激烈的较量，又有互相找到共识后的开怀大笑，气氛既严肃又融洽。在会议的最后，挂帅的团队成员郑重地签订了推进战略落地的个人绩效承诺书，立下了个人与团队努力实现战略目标的"军令状"。在这之后，高管带领自己分管的团队进行对下的战略分解与责任落实，完全进入了"带兵打仗"的状态。在后续的每一次高管会议上，重温团队宪章与战略共识成了这个团队的必备环节。

在一年的时间里，该企业的高管团队从一盘散沙变成"惺惺相惜，力出一孔"，企业的战略措施也得到了有力执行，公司顺利实现了当年的业绩目标，为三年的持续快速增长夯实了基础。

从这个案例中，我们可以得出这样的结论：企业组织的战略管理过程，既需要灵魂人物强大的个体领导力，也需要一个真正的领导团队来实现集体领导。一个真正团队的形成与塑造，需要团队成员凝聚在共同的事业目标和价值观念下。领导团队只有不断成长与自我变革，才能更有效推动组织全员进入战略执行的应有状态，取得全局性的胜利。

第 14 章

战略与经营业绩的关系

如何正确理解战略与经营业绩的关系？企业扎扎实实做好战略的规划、解码与执行，可以建立一个完善的战略管理系统，但是这是否就等同于企业可以高枕无忧，等待业绩节节攀升了呢？

答案是否定的。在特定的发展阶段与周期，企业在战略上谋求的进与退都会带来经营业绩的波动甚至下滑，而这本身就是战略目标的内涵。比如，为了三年内进入新的产业领域进行战略扩张，新的投资势必带来利润下降甚至亏损；陷入困境的企业，为了短期内摆脱没有希望的业务，战略上采取的紧缩动作也可能带来经营业绩的进一步下滑。

这要求企业创始人或 CEO 在确定战略目标时要预判和厘清这个特定战略周期里经营业绩将随着战略实施产生哪些可能的变化，然后将这些变化嵌入团队的战略共识中，从而在战略实施中管理好经营业绩波动与下滑的风险。

重庆有一家民营人力资源服务公司，其创始人是一个干劲十足、元气满满的年轻女性。2019年年底，我应邀为她的公司做战略规划。

目前，人力资源服务行业在我国处于市场逐渐增长、门槛低、分布碎片化的态势。不同于以前的劳务派遣、人事代理等缺乏技术与专业门槛的业务，外包、灵活用工等需要科技和很强专业性支撑的新型业务将是整个行业发展的未来。

该创始人在几年前接受了我的建议，将公司业务从劳务派遣升级到了以灵活用工为主的人力资源新型服务。过去这几年，她通过各种政策研究和海外先进市场考察，又敏锐地发现了养老护理服务在我国的巨大发展潜力，多次和我探讨如何把养老作为公司的发展战略。

据我们的战略分析，人力资源服务市场属于千亿元级别，养老市场属于万亿元级别，这两个市场足够大，属于市场分散、年均复合增长率较高的新兴领域。然而，虽然这家公司目前在人力资源服务领域站稳了脚跟，但是它的核心竞争力还不明显，作为经营2B业务的公司缺乏基于大客户的行业影响力。如果仍按照目前散乱的格局发展，这家公司就有被众多行业竞争对手远远落下的风险，但从事养老业务反而比较容易让这家公司形成差异化的特点。与房地产开发商和保险公司对养老业务的大资本和重资产投入不一样，这家公司可以在养老业务领域中最困难的护理人员培养与服务方面独树一帜。公司已经从人力资源服务中沉淀了一定的人员招聘渠道与能力，拥有一家有办学资质的职业培训学校，还通过合作掌控了两家以养老护理为主的民营医院。

经过多方考证与分析，我们确定了"成为医养为特色的人力资源服务领先机构"这一战略目标，决定在现有的人力资源服务行业里突出发展医养这一细分行业，同时形成护理人员招聘、职业培训、对外输出的养老护理人才供应链，通过引入战略投资者，基于养老医院和社区养老门店形成差异化的医养业务。这就打通了人力资源服务与医养这两个貌似不相关的行业领域，让公司更容易打造自己的核心竞争力，也更具有成长性。

但是，这样的战略会让现在正在其他领域积极拓展灵活用工的管理团队有距离感，因为这意味着公司要用各种渠道赚来的钱培育医养业务。

公司创始人再一次展现了她超越年龄的战略定力，她力排众议，通过战略解码，基于各种数据分析和讨论，让这一战略构想获得了管理团队的认可。公司开始了新的战略发展征程。

天有不测风云。

2020年1月爆发了全球性公共卫生事件，和众多中小企业一样，这家公司突然面临巨大的业务挑战和现金流管理风险。人力资源服务业务停滞了3个月，医养业务开拓也基本暂停，人员开支、办公室租金、各种管理费用支出等，让我对该公司能否存活下去充满了担心。在我们电话沟通的过程中，公司创始人一方面分析了严峻的形势，但是另一方面又让我感受到了很大的信心。

学财税专业出身的她说："从确定新战略方向的那天开始，我就在想公司的经营如何支撑新业务发展这个问题，并做了最坏的打算。关于人力资源服务，我们在前段时间已经积极拓展了线上服务内容，有稳健的现金流，受疫情的影响可控。同时，我们在3月复工复产之后，就已经全员超负荷工作，用更饱满的工作热情和更多的工作方法去寻找疫情带来的新需求，当月的经营业绩已经恢复到疫情之前的高峰状态。养老业务推进有所延迟，但仍然会逐步推进，初步的投入目前在之前跟大家说过的预算范围之内。"

在她坚定的言语背后，我凭着多年企业管理和创业的经验，可以想象到她在春节期间所背负的巨大压力。大部分中小企业老板既缺乏经营业绩预测的底线思考能力，也缺乏面对危机的勇气与定力。在面临和这位创始人同样的窘境时，他们最可能选择的是搁置战略，什么能来钱就干什么，"活下去就好"。最难能可贵的是，这位创始人既能咬紧牙关在核心业务上灵活调整并多方设法稳住经营业绩和现金流，也能动员周边的人为新的战略机会继续投入。我相信，随着疫情影响逐步消散，这家公司能够克服经营业绩的波动，按照既定的战略方向前行，在三年内实现她订立的发展目标。

分享这家公司的案例是想让企业创始人与 CEO 看到，战略与经营业绩在特定情况下会出现冲突与选择困难，尤其是在面对新冠疫情这样的"黑天鹅"事件时。然而，在正常情况下，或者从跨战略周期来看，企业中长期战略的出发点与结果都必然是经营业绩的提升与股东价值的增加，这是我们判断一个企业战略管理系统是否真正建立与发挥作用的根本标志。唯愿更多的企业战略制定者能拥有真正的穿越市场波动的长期主义思想，把握战略与经营业绩的动态关系，通过分阶段的战略三环管理来推动企业的无限增长。

【第四模块小结】

我的学姐，北京大学国家发展研究院教授陈春花曾说："一个企业能走多远，最终取决于其领导人是否具有战略的思维和能力。"战略从规划、解码到执行的全过程考验了企业创始人及 CEO 的个人领导力，具体体现在包含了综合前瞻性、深度洞察、广阔视角的战略思维，明确方向与目标所需的愿景和进取心，感召团队的影响力，以及面对战略执行中的诱惑与困难的定力。高效的战略管理同时要求企业领导班子具有目标一致、既分工又协作的集体领导力。

在战略管理过程中，企业最大的挑战是短期内可能要面临经营业绩波动甚至下滑的局面。但是，战略管理的根本目的在于实现企业的持续增长，也就是经营业绩提升以及股东价值回报。因此，企业在战略规划阶段必须把经营状况纳入基础考量，在战略解码阶段厘清战略对经营的影响，在战略执行阶段关注经营的改善，从而在战略周期内用战略带来更好的现金流和盈利。

给企业战略管理者的结语

商场如赛场！不管是有意还是无意进入了一个赛道，企业必须研判是否在赛道上跑下去，或者抓住时机切换赛道。但是任何一个赛道都要企业有核心竞争力才能跑赢。

商场如战场！企业既要有打赢对手的战略，也要有必胜的信念，鼓舞将士咬紧牙关炸掉一个又一个碉堡，朝着目标一直前进。

附 录

经典案例：广东东菱凯琴集团突破成长瓶颈

（此案例获得 2010 年《哈佛商业评论》管理行动奖）

说明：选择广东东菱凯琴集团这个案例，是因为它比较完整地说明了战略三环方法论的整体应用过程及效果。作为一家颇具规模、集团化的民营工业企业，广东东菱凯琴集团集中呈现了我国众多民营企业在战略管理上的通病：老板和高管群体对于企业未来发展方向的理解不一致，高管团队新老混杂且能力参差不一，战略管理职能真空或缺乏系统。这个案例清晰展现了该集团战略规划、解码及进行组织和人才变革以支持战略执行的过程，以及其中的若干实战要点。希望本案例能给本书读者提供一个战略三环实际应用的全貌。

企业简介：广东东菱凯琴集团（以下简称东菱凯琴）创立于 1998 年 12 月，位于广东佛山市顺德区勒流镇。集团投资控股广东新宝电器股份公司、中山东菱威力电器有限公司两家核心企业和其他多家相关产业企业，分别专业生产各种西式小家电和洗衣机、制冷产品等大家电，拥有

"Donlim""威力"两个核心自有品牌。目前,集团已成为员工总数逾2万名,其中专业技术人员3000多名,国内外产销额过百亿元的大型企业,是饮誉全球的厨卫家电市场的重要制造商,名列全国工业200强。

该行动案例是为了解决企业中存在的什么问题

东菱凯琴最初从事小家电代工,随着企业规模扩大,进行了相关的多元化扩张:产品类别扩大到上下游的相关产品,如插座、开关、电源线等。同时,它收购了一家生产洗衣机、微波炉的家电企业。2009年的金融危机使以出口为主的东菱凯琴的订单量直线下降。集团创始人(也是集团董事长)意识到,以前企业之所以能顺利发展,完全是由于单纯的规模增长——不断找客户、接订单,然后加工生产。这种单一的发展模式是很脆弱的,根本无力抵御金融危机所带来的危害。东菱凯琴意识到:第一,企业在某些方面出现了问题,至于问题究竟出在哪里,集团的高管团队始终无法达成一致意见;第二,东菱凯琴未来的发展战略和目标究竟是什么,集团的高管团队对此也相当茫然。

请举例说明该行动案例的具体计划和实施情况

在这样的背景下,东菱凯琴与外部管理咨询公司开展了咨询合作项目,希望通过组织诊断、人才测评等方法,找到阻碍企业发展的症结所在,同时为集团建立行之有效的激励机制。东菱凯琴的这一变革行动,自2009年开始并实施至今,它分为三部分。

组织有效性诊断

项目组首先运用案头分析、管理者调研问卷、中高层访谈、C-sort 企业文化在线调研、组织和岗位写实分析等方法和工具进行集团的组织有效性诊断，试图帮助东菱凯琴梳理、掌握企业目前的组织现状。通过调研发现，东菱凯琴具有许多我国民营企业所共有的特点——由单一企业（生产小家电的新宝电器）发展起来，做到一定规模后扩大产品类别，并进行附带的相关投资（收购中山威力后成立东菱威力电器有限公司）。在有了两三家企业之后，东菱凯琴便成立集团企业，但它对集团的职责定位并没有清晰的界定，对下属经营实体也缺乏有效管控，导致岗位设置、部门职能归属随意化等情况发生。不仅如此，集团的高管团队大多是跟随董事长一起"打天下"（创立新宝电器）的功臣元老。他们不仅没有清醒认识到集团的战略定位，而且仍然用旧有的眼光看待集团下属的新宝、威力等经营实体的发展方向，使这些经营实体的管理层不服也不认集团的管理。另外，有些功臣元老在管理能力上也无法适应集团的发展。

上述情况使东菱凯琴自身根本无法确定清晰的战略目标与发展方向，项目组所要进行的组织有效性诊断（判断组织结构、运营模式能否支撑企业继续发展）也就无从着手。于是项目组得出了两大结论：第一，在缺乏明确的战略目标的情况下，东菱凯琴的组织形态已经无法适应企业发展，要解决这个问题，必须明确企业未来三年的发展目标和战略路径；第二，解决制约企业发展的人才问题已经成为当务之急。

战略规划与解码

项目组就第一阶段调研所获取的事实、数据，以及据此得出的上述结论与集团董事长进行了深入沟通。他意识到，要解决第一个问题，必须下定决心首先在集团内部进行战略大讨论和澄清。这不仅是为东菱凯琴的下一步发展确立正确的战略方向，也是东菱凯琴即将启动的自创始以来最大的一次变革行动，无疑会招致一些人的反对。"消除抵制的一种最常用的方法，就是事先对人们进行相关的培训。观点的沟通可以帮助大家认清变

革的必要性和合理性"。[一]

"不打没有准备的仗。"在高管层的战略研讨开始之前,项目组在该集团已有的市场与客户需求调研和竞争分析基础上,针对未来三年的全球家电市场发展机遇和挑战,初步进行了战略推演,并和董事长、集团总裁等进行了小范围的战略研讨,确定了"规模增长、OEM 与自有品牌营销并举"的战略方向。董事长经过多次彻夜不眠的深思之后,确定了集团未来三年的整体发展目标。在战略规划基本成型后,项目组判断推动战略澄清与解码、让战略真正落地实施的时机到了。

于是,董事长召集集团高管层以及各经营实体的管理层,第一次开诚布公地就企业未来发展方向、目标、战略重点、人员能力等诸多重大议题展开激烈的大讨论。

在讨论之前,为了避免出现不必要的争吵,咨询顾问首先引导与会者达成了"畅所欲言,为企业和自身负责,对事不对人"的共识。另外,咨询顾问通过之前与集团高管团队的沟通发现,他们大都认同集团中已经出现的分歧、质疑和迷茫,这为大讨论的成功开展奠定了一定的基础。为了使高管人员能真正投入大讨论中,表达自己真实的观点,咨询顾问事先准备了一些其他企业的案例。这些企业都是快速成长的、具有相当规模的民营企业,在自身成长过程中遇到过不同阶段的瓶颈,它们的创始人和高管团队均成功通过"人"和"业务模式"的不断自我否定与变革,实现了突破式的发展。这些真实的案例给予高管极大的触动,最终促使他们真正地投入关于个人观点表述、互相挑战、分组讨论、大组总结的大讨论过程中。最后,高层团队基本确定了未来三年在财务、运营、品牌等方面的发展目标和战略重点。例如,为了在行业中形成绝对的规模优势,集团必须在 2012 年实现销售收入翻番的目标。为了实现上述目标,"兼顾海外

[一] 约翰·科特,伦纳格·施来辛格,陈嫒熙. 变革战略的选择 [J]. 哈佛商业评论, 2008(8): 154-164.

OEM 和国内的自有品牌营销"（而非主要依靠海外市场的 OEM 模式）便从众多战略重点中脱颖而出，成了重中之重。在厘清六大战略重点的基础上，集团聚焦于 2010 年，确定了必须打赢的八场硬仗。

除沟通之外，让大家投入和参与是消除抵制的另一种有效手段。"如果发起人让潜在的抵制者参与变革设计和实施的某些环节，常常就能有效地化解抵制行为。另一方面，发起人也可以听到变革参与人员的想法，并采纳他们的建议。"⊖东菱凯琴在对战略目标和责任进行分解的过程中就采用了这种做法。在咨询顾问的引导下，首先由最高层经理人结合宏观环境、所负责的业务领域的历史成绩、竞争环境等因素进行陈述，并接受团队其他同事的质疑，然后阐述自己的商业计划、与八场硬仗对应的中短期业绩目标以及若干具体管理行动。在经理人接受团队成员的不断质询和自己逐步调整之后，团队基本确认了次年的关键业绩指标和目标。在这个过程中，高管团队从总裁开始，逐一形成其个人绩效合约，上级和下级层层分解、层层签约，整个组织形成了一种"上下同欲者胜"的承诺型绩效文化。

有了战略解码的成果，集团在澄清职责边界、岗位责任的基础上，开始着手优化集团和各经营实体的职能、部门和岗位设置，逐步解决诸如职能重叠、岗位设置臃肿、人岗不匹配等突出的管理问题。例如，对原来财务、审计都由一个高层来管所产生的"球员兼裁判"的不合理职能进行了调整，对极为重要的品牌管理部门加强了岗位和人员的配备，新宝电器也开始对内部事业部制改革进行试点。

中高级人才测评与盘点

在经过金融危机的洗礼之后，集团董事长已经意识到自己的企业在

⊖ 约翰·科特，伦纳格·施来辛格，陈媛熙.变革战略的选择[J].哈佛商业评论，2008(8)：154-164.

"人"这个核心要素方面出现了问题。他希望在现有的管理团队中挑选出有能力支持企业未来发展的人才，并对他们投入"真金白银"的长期激励，让他们与企业共担风险、共享成果。因此，项目组运用360度领导力素质评估、测评中心、人才盘点等多种方法，对东菱凯琴的中高层经理人进行领导力测评和人才盘点。

在这个过程中，针对项目组提出的第二个结论，东菱凯琴董事长下了很大的决心采取"双赢"的做法：设计了知识和能力结构明显跟不上企业发展的经理人的退出机制，并通过与这些经理人的坦诚沟通，顺利实践了退出机制。这既顾及了当初一同创业的兄弟的情谊，也为企业的发展排除了障碍，更重要的是，由此向集团的所有员工传达了高管层要将变革进行到底的决心。

经过详尽的人才测评与盘点，东菱凯琴确定了适应企业发展的关键人才，并对集团、各经营实体的管理层进行了调整。通过岗位优化和评估，集团实现了初步的人岗匹配。与此同时，长期激励机制也相应确立，东菱凯琴第一次隆重而正式地与员工签订了书面的个人绩效合约。

至此，东菱凯琴集团总部确定了清晰的架构和定位，为下一步实施有效管控奠定了基础，更为2010年和未来三年的战略推进开好了头。

在实施这个行动案例时，遇到了哪些难点，是如何解决的

（1）个别功臣元老居功自傲，沉迷于过去在单体企业（新宝电器）简单代工模式下的成功和经验，忽视了自身素质与日益庞大、复杂的企业集团化运作不匹配的现实，从而制约了集团各方面工作的顺利开展。集团董事长碍于情面，无法直接点破。为此，项目组在多方调研求证的基础上，通过大量的事实和数据促使董事长坚定了变革的决心，并巧妙地设计了一系列方法。例如，通过上下级结构化面谈、经理人调研问卷、中国优秀企

业高管典型任职要求等，突破这些功臣元老的认知障碍，让他们看到别人对自己缺点的反馈、自己能力与企业发展的差距，并促使董事长、副董事长两兄弟与他们直接进行坦诚的沟通，最终为他们找到了合理、体面的退出方式。《引爆变革》⊖指出："在许多实现逆转的事例中，最艰难的部分莫过于让人们对当前问题的根源和变革的必要性达成一致意见。"对此，有效的做法是，除了依靠数字让经理人突破认知障碍，还应该让他们直接面对问题，无法逃避现实。东菱凯琴在处理功臣元老的退出问题时所采取的行动，就很好地实践了上述观点。

值得一提的是项目组设计的沟通方法。沟通在充满了休闲气氛的酒吧而非非常正式的会议场合进行。双方在轻松的氛围中，既回忆了一起创业、艰苦奋斗的历程，也分享了一路走来对企业内的不同人和事的观点，更重要的是，互相提出了对方的优势和不足。最令沟通双方意外的是，在大家直抒胸臆后，才发现经过解释和说明，其中的若干问题原本只是信息不畅和单方面思维而造成的误会。在明白了这些根源性的问题后，不少人都为没有及时进行这种开放和直接的沟通而懊悔不已。同时他们也发现，随着其心结的打开，一些共识自然而然就产生了。

（2）东菱凯琴地处顺德相对闭塞的区域，很难吸引高级人才。企业之前的发展一直比较顺利，使早期加入企业的管理人员沉淀在了企业内部，但随着时间的推移，企业慢慢出现了视野狭小、盲目自大、缺乏动力引进人才等问题，且相应的激励机制又长期没有变化。本项目为大部分高级经理人建立了测评中心，通过未来导向的仿真模拟，让他们清醒认识到自己真实的领导能力，以及自身能力与企业发展需求之间的差距。再加上某些高管人员的退出和差异化激励的兑现，经理人意识到这一次企业是"动真格"的，他们必须高度重视企业的变革需要，在意识和行为上均出现转

⊖ 约翰·科特，W. 钱·金，尼廷·诺里亚，罗纳德·海菲茨，等. 哈佛商业评论必读：引爆变革 [M]. 北京：中信出版社，2016.

变,朝着新的绩效目标而努力。

在整个行动过程中的经验和心得,以及对相关管理理念的创新

(1)东菱凯琴的整个变革行动,除达到了预期的确立集团战略架构和定位、确定关键管理人才、建立激励机制等目的以外,还取得了一些意外收获。这就像将一颗小石子扔进水中不断产生涟漪一样。

组织变革的第一次有效推行。东菱凯琴董事长与项目组紧密配合,经过缜密的过程和方法设计,使变革行动的三部分环环相扣,让集团和下属经营实体的管理层深刻体会到此次变革的必要性及紧迫性,从而使高层经理人逐渐形成正视变革、系统分析、积极推进的组织变革意识和工作行为,东菱凯琴的承诺型绩效文化也随之形成。

集团董事长的个人领导力在这次变革行动中取得了质的飞跃。过去,董事长在高管团队的讨论中总是沉默寡言。但在变革行动推进过程中,他需要面对自己的管理团队澄清许多战略性问题,并引导团队就集团的发展方向等问题朝着正确的方向展开讨论。在项目接近尾声时,面对集团200多位关键经理人,董事长做了一次脱稿演讲。其声音的响亮度、音调的抑扬顿挫以及气度,不仅给了在场的经理人以极大的震撼,更让他们真切感受到了企业的真实变化和最高层领导变革的坚定决心。

(2)在企业持续发展这一必然趋势前,集团董事长和高管团队必须清醒认识到,只有通过持续的人才置换才能保持企业的活力,实现人的能力和企业发展需要的匹配。对于不能跟上企业发展脚步的管理人员,合理的退出是一种双赢。这方面,集团董事长变革的坚定决心、创业的功臣元老的宽大心胸都是关键。当然,有效的沟通方式也相当重要。集团董事长与功臣元老是一同经历风雨、感情深厚的兄弟,要让彼此开诚布公地谈"退出"并不容易,因此选择非正式的轻松场合更容易让谈话顺畅进行

下去。如果选择在正式场合谈，恐怕双方就会剑拔弩张，最终闹得不欢而散了。

（3）任何企业都有极具进取心的发展目标，但是这些发展目标必须让高层团队进行开诚布公的讨论并达成共识，才能把目标实现的战略路径通过绩效管理和激励机制与各层级的经理人在责权利明确的基础上进行有效连接，最终形成"开放讨论，尊重共识，强调承诺和执行，股东和经理人分享长期成果"的良性企业文化。

参考文献

[1] 沃尔特·基希勒三世.战略简史：引领企业竞争的思想进化论[M].慎思行，译.北京：社会科学文献出版社，2018.

[2] 迈克尔·波特.竞争战略[M].陈丽芳，译.北京：中信出版社，2014.

[3] 王成.战略罗盘：提升企业的战略洞察力与战略执行力[M].北京：中信出版社，2014.

[4] 拉姆·查兰，诺埃尔·提切.持续增长[M].鲁刚伟，译.北京：中国社会科学出版社，2005.

[5] 古森隆重.灵魂经营[M].栾殿武，译.成都：四川人民出版社，2017.

[6] Walter Kiechel III. The Lords of Strategy: The Secret Intellectual History of the New Corporate World [M]. Boston：Harvard Business Review Press, 2010.

[7] Robert S Kaplan, David P Norton. Strategy Maps: Converting Intangible Assets into Tangible Outcomes [M]. Boston: Harvard Business Review Press, 2004.

[8] Ruth Wageman, Debra A Nunes, James A Burruss, J Richard Hackman. Senior Leadership Teams: What It Takes to Make Them Great [M]. Boston: Harvard Business School Press, 2008.

[9] Robert M Grant. Contemporary Strategy Analysis: Concepts, Techniques, Applications [M]. Oxford: Blackwell Publishers, 2002.